KLARTEXT

Lars Haider
Jörg Quoos

DER BLABLA WUMMS

Was Politiker (nicht) sagen – und wie man es versteht

Bibliografische Information der Deutschen Nationalbibliothek
Die Deutsche Nationalbibliothek verzeichnet diese Publikation in der Deutschen Nationalbibliografie; detaillierte bibliografische Daten sind im Internet über http://dnb.dnb.de abrufbar.

IMPRESSUM

1. Auflage Oktober 2023
Lektorat: Sibylle Brakelmann
Satz und Gestaltung: Joachim Bartels
Umschlagabbildungen: Dirk Bruniecki, Mark Sandten/FUNKE Foto Services
Umschlaggestaltung: SOFAROBOTNIK Büro für Gestaltung, München
Druck und Bindung: Drukkerij Wilco B.V., Vanadiumweg 9,
NL-3812 PX Amersfoort

ISBN 978-3-8375-2594-6

KLARTEXT

Jakob Funke Medien Beteiligungs GmbH & Co. KG
Jakob-Funke-Platz 1, 45127 Essen
info.klartext@funkemedien.de
www.klartext-verlag.de

INHALT

„Wir müssen besser werden in der Synchronisation der Vertrauensgrundlage“

Ein Vorwort, das wirklich Wumms hat, vielleicht sogar Doppel-Wumms

Um zu erklären, worum es in diesem Buch geht, braucht man drei Dinge. Eine einfache Frage, die sich mit Ja oder Nein beantworten lässt, einen Journalisten, der sie stellt, und einen Politiker, dem sie gestellt wird. Die Frage lautet: „Kannten Sie diesen Spot?“, der Journalist ist der vielfach ausgezeichnete Dokumentarfilmer Stephan Lamby und der Politiker heißt Olaf Scholz. Den durfte Lamby vor der Bundestagswahl 2021 mit der Kamera begleiten und bekam dabei mehr zufällig mit, dass die SPD einen Werbespot nach einmaliger Ausstrahlung wieder aus dem Verkehr gezogen hatte. In dem Filmchen waren CDU-Größen wie Armin Laschet, Friedrich Merz und Jens Spahn in Zusammenhang mit dem nach rechts außen gerutschten Hans-Georg Maaßen gebracht und ansonsten frontal angegangen worden. Das Ding war offensichtlich misslungen, und als die ersten Kritiken entsprechend ausfielen, entschloss sich der damalige SPD-Wahlkampfmanager Lars Klingbeil, den Spot nicht mehr zu zeigen. Es blieb die Frage, ob Olaf Scholz ihn gekannt hatte, man kann sie leicht und schnell beantworten. Es sei denn, man ist ein Politiker wie Scholz. Aus Platzgründen dokumentieren wir sein Frage- und Antwortspiel mit Stephan Lamby hier deutlich gekürzt:

Lamby: „Kannten Sie diesen Spot?"

Scholz: „Der Kampagnenleiter hat mir berichtet, dass er nicht ausgesendet wird und dass er genau einmal gezeigt worden ist."

Lamby: „Und warum?"

Scholz: „Es ist so, dass sich die Kampagne auf die Dinge konzentriert, die für die Zukunft unseres Landes wichtig sind. Und deshalb geht es mir um die Plakate und die Botschaften, die wir damit verbinden, und das, was wir da vorgebracht haben."

Lamby: „Herr Scholz, es tut mir leid, aber ich muss da beharren. Es gibt doch einen Grund, warum dieser Spot jetzt nicht mehr gezeigt wird. Deshalb eine ganz einfache Frage: Warum?"

Scholz: „Wir brauchen eine klare Debatte, zum Beispiel über die Frage, dass es nicht in Ordnung ist für den Zusammenhalt unserer Gesellschaft und für die Frage, wie wir unsere Zukunft finanzieren …"

Lamby: „Nur damit ich es verstehe. Kannten Sie den Spot?"

Scholz: „Die Maßnahmen, die ich gebilligt habe, sind die, über die wir hier miteinander gesprochen haben und die ich auch richtig finde. Das sind die Plakate, über die wir hier reden, und manches, das noch keiner kennt und das demnächst kommt."

Kann jemand, der nicht bereit ist, eine derart simple Frage zu beantworten, Bundeskanzler werden? Wir alle kennen die Antwort, die uns zum Kern des Problems führt, um das es in diesem Buch gehen soll. Dass Politiker seltsam sprechen, dass sie Fragen ausweichen und Floskeln für Aussagen halten, ist keine neue Erkenntnis. Schon im Jahr 1972 machte sich der große Komiker Loriot darüber in seiner „Bundestagsrede" lustig: „Meine Damen und Herren, Politik bedeutet, und davon sollte man ausgehen, das ist doch – ohne darum herumzureden – in Anbetracht der Situation, in der wir uns befinden. Ich kann meinen politischen Standpunkt in wenige Worte zusammenfassen: erstens das Selbstverständnis unter der Voraussetzung, zweitens und das ist es, was wir unseren Wählern schuldig sind, drittens die konzentrierte Beinhaltung als Kernstück eines zukunftsweisenden Parteiprogramms." Das war lustig, aber rund 50 Jahre später ist uns das Lachen vergangen. Mit dem Amtsantritt des neunten Bundeskanzlers der Bundesrepublik Deutschland hat die politische Sprachverwirrung babylonische Ausmaße erreicht. Ausgerechnet in einer von mehreren zeitgleich auftretenden Krisen geprägten Zeit, in der es viel zu erklären gäbe und die Menschen unbedingt verstehen müssten, um was es geht, ist die Kommunikation zwischen der Politik und den Bürgern gestört wie nie. Was in der langen Ära Merkel begann, in der die Menschen bewusst nicht mit Politik belästigt werden sollten, in der Entscheidungen als alternativlos verkauft und deshalb nicht groß erklärt wurden, hat unter Olaf Scholz einen neuen Höhepunkt erreicht. „Dieses aggressive Schweigen, dieser minimalistische Kommunikationsansatz gepaart mit dem hanseatischen Stoizismus ist schon verwunderlich", sagt der Politikwissenschaftler Karl-Rudolf Korte. Es schmerze ihn geradezu, dass Scholz auf Fragen nicht antwortet, „obwohl er es könnte". Ob Letzteres stimmt, ist auch etwas, was wir in diesem Buch klären werden. Der erste Befund ist jedoch eindeutig und man kann ihn noch drastischer beschreiben. Der Politikjournalist Nikolaus Blome, der seit vielen Jahren über die Bundesregierungen und ihre Kanzler berichtet, macht das so: „Olaf Scholz stellt man eine Frage und er beantwortet eine andere. Wenn man von ihm wissen will, wie spät es ist, sagt er: ‚Es regnet.' Das ist eine Form von Kommunikationsverweigerung, die ich bislang von niemandem kannte."

Dass jemand, der so spricht, wie Scholz spricht, Bundeskanzler werden kann, zeigt, was die Politik in den vergangenen Jahrzehnten mit der Sprache gemacht hat und umgekehrt. Der ehemalige *heute-journal*-Moderator Claus Kleber hat zu seinem Abschied dem *Spiegel* dazu Folgendes gesagt: „Es ist ein merkwürdiges Wettrennen darum entstanden, in Interviews möglichst wenig preiszugeben und sich dann mit einem triumphierenden Lächeln zu verabschieden." Das sei immer und immer schlimmer geworden, „die gucken das alle voneinander ab. All diese Medientrainer, die der Politik eingeredet haben, dass man möglichst wenig sagt, sollten gefeuert und durch Menschen ersetzt werden, die etwas von inhaltlichen Argumenten verstehen." Klingt gut, doch die politische Realität ist, bis hinauf ins Kanzleramt, eine andere.

Bundesfinanzminister Christian Lindner spricht, bezogen auf die wegen des russischen Einmarsches in der Ukraine benötigten zusätzlichen Gasimporte nach Deutschland, von „meiner Prüfidee, dass die Europäische Union einen atmenden Deckel für Importgas einführt". Omid Nouripour, Chef der Grünen, sagt in der Talksendung von Maybrit Illner über atmosphärische und sonstige Störungen in der Ampel-Koalition: „Ich glaube, dass wir besser werden müssen in der Synchronisation der Vertrauensgrundlage, in der wir arbeiten." Und der Bundeskanzler, immer wieder der Bundeskanzler, antwortet auf die Frage einer Journalistin bei einer Pressekonferenz am Anfang des Krieges in der Ukraine, wie es denn nun mit der Lieferung schwerer Waffen dorthin sei: „Schönen Dank für Ihre Frage, die mir nämlich eine Gelegenheit gibt, nach der ich schon seit einiger Zeit suche. Schauen Sie sich doch mal um, was andere so tun, die mit uns eng verbündet sind, zum Beispiel unsere Freunde in den G7, die USA, Kanada, Großbritannien, Frankreich, Italien, und was die liefern, die sind mit ihren Militärs zu ähnlichen Schlussfolgerungen gekommen. Was solches Gerät betrifft, geht es um sofort verfügbare Einsatzsysteme, die vor allem dann nutzbar gemacht werden können, wenn es welche sind, die in der Ukraine schon eingesetzt werden, und deshalb ist es so, dass es kein Zufall ist, dass alle zu dem gleichen Schluss gekommen sind, dass es den meisten Sinn macht, wenn zum Beispiel solche Systeme, die bei den osteuropäischen NATO-Partnern noch vorhanden sind, von dort aus eingesetzt werden und wir denen dann ermöglichen, dass ihre eigene Sicherheit für die Zukunft gewährleistet bleibt. Also, der Blick in die Welt hilft manchmal weiter ..." Aber die Journalistin und damit die Bürger blieben hilflos zurück, genauso wie ein Student, der zu einem späteren Zeitpunkt des Krieges, inzwischen hatten sich die Strom- und Gaspreise in Deutschland vervielfacht, vom Kanzler wissen wollte, wie das denn nun mit dem Energiegeld für die Studierenden ist. Antwort: „Auf alle Fälle haben alle Bürgerinnen und Bürger mit den Preissteigerungen zu kämpfen. Die, die wenig haben, natürlich am allermeisten. Deshalb muss es auch so sein, dass wir die Situation immer wieder neu bewerten. (...) Es ist eine schwierige Situation. Wir werden weiter gucken, was zu tun ist. Die konzertierte Aktion, die Lage von Studierenden gehört auf alle Fälle dazu. Niemand darf alleingelassen werden."

Was soll das heißen? Was meint der Kanzler, wenn er erst von einem „Wumms" und ein paar Monate später von einem „Doppel-Wumms" spricht? Gibt es den auch in drei- und vierfach? Und spricht man so eigentlich zu Bürgern, zu Wählern beziehungsweise zu den „Menschen da draußen", wie wir von der Politik auch gern genannt werden, als würden wir weit, weit weg irgendwo auf dem Land sitzen und sowieso nicht verstehen können, was richtig und wichtig für uns ist? Der CDU-Politiker Norbert Röttgen sagt, dass Deutschland endlich eine politische Kommunikation brauche, „die die Menschen nicht für dumm hält" und in der die Entscheider die eigene Bevölkerung und deren Bereitschaft, sich mit größeren Zusammenhängen auseinanderzusetzen, nicht unterschätzen. Die *Neue Zürcher Zeitung*, kurz *NZZ*, wird in einem langen Text über die Verständigungsschwierigkeiten zwischen der Politik und den Menschen in Deutschland noch deutlicher. Sie schreibt unter der Überschrift „Und jetzt machen wir alle noch den Doppel-Wumms – wie die deutsche Politik infantilisiert": „Weil die Herausforderungen immer grösser und komplizierter werden, versucht die Politik, die Kommunikation mit den Menschen draußen im Lande auf möglichst einfache Bilder und Metaphern herunterzubrechen. Komplexe Gesetzesvorhaben, deren Einzelheiten am Ende nur eine Handvoll Beamte verstehen, werden mit wohlklingenden Namen im Geiste des Poesiealbums versehen: ‚Gute-Kita-Gesetz', ‚Starke-Familien-Gesetz' oder ‚Respekt-Rente', nicht zu vergessen das ‚Baukindergeld', das nichts mit Kinderarbeit zu tun hat. Vielmehr erinnert es von ferne an Legosteine und bunte Bauklötzchen und verströmt wohlige Assoziationen an frühere, unbeschwerte Zeiten, ein emotionales Sedierungsprogramm."

Die viel beklagte Politikverdrossenheit, die ihren sichtbarsten Niederschlag in den zu geringen Beteiligungen an Landtags- und Bundestagswahlen hat, entsteht auch dadurch, dass man mit Wählern so redet, als hätten sie gerade erst das Alphabet gelernt. Wer nicht versucht, sich gemeinsam über etwas zu verständigen, und zwar so, dass möglichst viele mitreden können, kommt irgendwann an den Punkt, dass das Verständnis für den anderen schwindet. Es ist nicht anders als in einer Ehe: Wenn man sich nichts mehr zu sagen hat, wenn man sich nicht mehr darüber einigen kann, was wichtig ist und was nicht, geht man getrennte Wege. Das ist schon in einer Familie tragisch, in einer Demokratie kann es dramatisch werden. Wer sich dort nämlich einen neuen Partner sucht, landet schnell bei Populisten, Radikalen und Extremisten. Die Alternative für Deutschland hat ihren Erfolg auch dem Umstand zu verdanken, dass andere Parteien den Wählern zu bestimmten Themen nichts zu sagen hatten. Oder dass das, was sie zu sagen hatten, so schwammig und unkonkret war, dass die Betroffenen damit nichts anfangen konnten.

Der Publizist Albrecht Lucke staunt angesichts der geschilderten Lage einerseits über den „Ich-weiß-alles-besser"-Gestus von Olaf Scholz und andererseits über dessen Formulierungsschwächen: „Er findet für vieles nicht die richtigen Worte. Das ist in Krisenzeiten, in denen die Menschen jemanden brauchen, der sie mitnimmt und der menschlich agiert, ein großes Problem." Noch mal die *NZZ* zum gleichen Thema: „Olaf Scholz hat die Methode der obstinaten Antwortverweigerung zur Meisterschaft gebracht. Deshalb ähneln sich seine Äußerungen, ob im Fernsehen oder vor einem parlamentarischen Untersuchungsausschuss, wie ein Toblerone-Stück dem anderen. Wie in der Werbung steht die Wiederholung des Immergleichen im Zentrum. An dieser Wand mit der Stabilität der Jerusalemer Klagemauer prallen alle kritischen Einwürfe ab."

Von einer „Rhetorik der Realitätsverleugnung" ist die Rede, eine Formulierung, an die Gregor Gysi anknüpft. Es sei eine politische Kommunikation entstanden, sagt die Ikone der deutschen Linken, „die Erwartungen des Publikums an Information und mögliche Meinungsbildung verachtet". Inzwischen gäbe es Politiker, die sich so an ihre nichtssagende Sprache gewöhnt hätten, dass sie gar nicht mehr anders reden könnten, selbst wenn sie wollten. Die Sprache des politischen Betriebes sei zunehmend „hohl und unattraktiv geworden", dabei gehe es darum, „diejenigen, die später dann mit politischen Beschlüssen leben müssen, bereits am Prozess der Entscheidungsfindung zu beteiligen". Dafür müssten die Bürger aber verstehen, worüber geredet wird: „Politiker müssen lernen, ihre Sprache zu übersetzen, ich kann es doch auch."

Warum tun sie es dann nicht? Warum sprechen so viele (nicht alle) Politiker so, wie sie sprechen und reden, ohne etwas zu sagen? Wieso antworten sie nicht auf die Fragen, die man ihnen stellt? Was bringt es, immer neue Wortungetüme zu erfinden wie Kurzfristenergieversorgungssicherungsmaßnahmenverordnung oder Abstimmungsbekanntmachung und sich von allen Formulierungen immer die komplizierteste auszusuchen? Können Politiker nicht anders, wollen sie nicht anders, dürfen sie nicht anders? Diese und viele andere Fragen werden wir in diesem Buch beantworten und zeigen, wie komplex politische Kommunikation ist, die nicht nur von den handelnden Personen, sondern auch von diversen Zwängen und festgefahrenen Strukturen abhängt. Und von denen, die all das widerspiegeln, den Journalisten, zu denen wir gehören und die an der Entwicklung nicht unschuldig sind. Die Medien könnten und müssten Teil der Lösung sein, oft sind sie aber Teil des Problems.

Dass es trotz „Wumms" und „Doppel-Wumms" keine einfachen Antworten geben kann, wenn man sich der seltsamen Sprache unserer Politiker nähert, zeigt ein Text aus der *Frankfurter Allgemeinen Zeitung*, in dem versucht wird, Kindern zu erklären, warum „die da oben" so sprechen, wie sie sprechen. Man solle sich, heißt es, einmal folgende Situation vorstellen: „Ein Mädchen ist 15 und geht auf Klassenfahrt. Sie ärgert sich über die bescheuerte Lehrerin; sie hat Heimweh; sie knutscht zum ersten Mal mit einem Jungen; sie findet ein Mädchen plötzlich viel netter als das Mädchen, das eigentlich ihre beste Freundin ist; sie heult, weil der Junge auf einmal mit einer anderen knutscht; dann schreibt der Junge ihr aber wahnsinnig süße WhatsApps. So weit normal. Aber am Ende dieser Klassenfahrt treffen sich alle Schüler und die Lehrerin in einem großen Saal und plötzlich sind auch die Eltern des Mädchens da. Das Mädchen muss vorn auf die Bühne und alle wollen wissen: Wie war die Klassenfahrt für dich? Tja, und nun? Das Mädchen will vor der bescheuerten Lehrerin nicht sagen, dass die bescheuert ist, vor den Coolen nicht, dass sie Heimweh hatte, vor dem Jungen nicht, dass sie wegen ihm geheult hat, vor den Eltern nicht, dass sie geknutscht hat, vor der besten Freundin nicht, dass ein anderes Mädchen netter ist, vor dem anderen Mädchen nicht, dass es netter ist (sonst schnappt es vielleicht direkt über). Was soll sie also sagen, wenn alles Interessante nicht geht? ‚War ganz okay'? Damit ist kein Zuhörer zufrieden. Die Lage ist erkennbar schwierig."

Für Politiker ist sie noch sehr viel schwieriger. Es beginnt damit, dass sie eigentlich gar nicht vorhaben, Fragen zu beantworten, die Journalisten ihnen stellen.

TEIL 1

... in dem Lars Haider erklärt, warum Politiker so sprechen, wie sie sprechen

Niemand hat die Absicht, eine Frage zu beantworten

Warum Politiker am liebsten gar nicht mit Journalisten sprechen würden - und es trotzdem tun

Wenn Markus Lanz in der nach ihm benannten ZDF-Sendung im Gespräch mit einem Politiker nicht weiterkommt, sagt er gern einen Satz wie: „Sie kennen das Spiel. Ich stelle die Fragen, Sie geben die Antworten."

Schön wär's.

Die Realität ist anders und sie lässt sich gut an einem Interview beschreiben, das das *Hamburger Abendblatt* vor ein paar Jahren im Bundeskanzleramt mit Angela Merkel geführt hat. Ein Treffen mit ihr war für die meisten Journalisten grundsätzlich keine Freude. Viel mehr als 30, vielleicht maximal 45 Minuten waren bei der Kanzlerin nicht drin, die normalerweise selbst den Kaffee für ihre Gäste einschenkte, um die Dauer des Besuches nicht unnötig zu verlängern. Wir waren damals zu dritt ins Kanzleramt gekommen: zwei Reporter und einer der besten und unauffälligsten Fotografen, die es in Berlin gibt. Die genannten Eigenschaften waren wichtig, weil Angela Merkel eine Sache noch weniger mochte als Fragen, die ihr gestellt wurden – nämlich, dass Bilder von ihr gemacht wurden.

Wir wurden von Regierungssprecher Steffen Seibert empfangen, er brachte uns ins Vorzimmer der Bundeskanzlerin. Fünf Minuten nach dem vereinbarten Gesprächstermin ging die Tür auf, Angela Merkel gab erst einem der Reporter, dann dem Fotografen die Hand, drehte sich um und wollte um die Ecke zurück in ihr Büro gehen, als Steffen Seibert ihr hinterherrief: „Frau Bundeskanzlerin, die Herren sind heute zu dritt gekommen." Was er damit sagen wollte, war: Sie haben vergessen, den zweiten Reporter zu begrüßen. Merkel drehte sich sichtlich genervt um, nickte dem Mann zu und sagte: „Sie standen im Licht."

Wir ahnten, dass danach kein Small Talk folgen und die Bundeskanzlerin die Sache schnell würde hinter sich bringen wollen. Wir hatten uns noch nicht richtig hingesetzt, da war der Kaffee schon eingeschenkt. „Na, da sind Sie froh, ein Interview mit mir zu haben, was?", sagte Merkel und signalisierte damit, dass wir anfangen sollen. Das Gespräch war im Vorfeld einer Landtagswahl in Schleswig-Holstein zustande gekommen und dazu wollten wir ein paar Fragen stellen. Wir wollten als *Hamburger Abendblatt* auch über Hamburg sprechen, immerhin die Geburtsstadt Merkels. Der Kanzlerin selbst gefiel das alles nicht. Sie fing nach der zweiten Frage an, unruhig zu werden, nach der dritten knurrte sie: „Wollen Sie jetzt die ganze Zeit mit mir über Schleswig-Holstein reden?" Als der Fotograf, der sich in eine Ecke des Büros verdrückt hatte und von dort behutsam und leise fotografierte, auf den Auslöser drückte, fuhr sie ihn an: „Hören Sie auf, mich so abzuschießen." Wir machten trotzdem weiter, mit einer Frage, die Hamburg-Bezug hatte und die Merkels Stimmung nicht verbesserte. Sie habe nichts zu Hamburg zu sagen und verstünde nicht, warum man sie zu einer Stadt befragen würde, nur weil sie dort auf die Welt gekommen sei, und überhaupt würde sie jetzt endlich über wichtige Themen sprechen wollen, über den Euro zum Beispiel, darüber gebe es wirklich etwas zu sagen … Eigentlich hätten wir das Interview an diesem Punkt abbrechen müssen, aber wir trauten uns nicht und fingen tatsächlich an, über Europa und den Euro zu sprechen, zugegeben keine journalistische Glanzleistung. Aber immerhin eine, die sich heute eignet, um zu zeigen, was Politiker von diesem Frage-Antwort-Spiel halten, mit dem dieses Kapitel begann: nämlich nichts.

„Mein Traum als Bundeskanzler war, einmal in der Woche von 20 bis 20:15 Uhr auf den großen Fernsehsendern zu den Bürgern zu sprechen", sagt Gerhard Schröder, ganz ohne die lästigen professionellen Fragesteller. Für Politiker in anderen Ländern hat sich dieser Traum erfüllt. Der ehemalige amerikanische Präsident Donald Trump konnte seine Anhängerschaft direkt via Twitter informieren und indoktrinieren, zumindest so lange, bis man ihn dort rausgeschmissen hat. Von solchen Follower-Zahlen, also Zuschauern und Lesern, wie sie Trump in den sozialen Medien hatte, sind deutsche Politiker aber weit entfernt. Sie brauchen nach wie vor Journalisten, um ein möglichst großes Publikum zu erreichen. „Es wird oft vergessen, dass Politiker nicht in ein TV-Studio kommen, um Fragen zu beantworten, sondern um ein riesiges Publikum zu erreichen, das es ohne den Interviewer nicht gibt", sagt Armin Wolf, Anchorman beim ORF in Österreich. Wolf ist einer der am meisten gefürchteten und respektierten Fragesteller in Europa, was ihn aber nicht davor schützt, dass auch bei ihm Politiker ignorieren, was der Moderator eigentlich wissen will. Etwa Karoline Edtstadler, Bundesministerin für EU und Verfassung im österreichischen Bundeskanzleramt, deren Dialog mit Wolf der *Standard* wie folgt dokumentierte:

Armin Wolf: „Frau Bundesministerin, was sind denn die wichtigsten zwei Punkte, in denen sich die türkis-grüne Europapolitik von der türkis-blauen unterscheiden wird?"

Karoline Edtstadler: „Ich darf zunächst sagen, dass ich tatsächlich für Europa brenne. Das hat begonnen während der EU-Ratspräsidentschaft, wo ich Österreich vertreten durfte. (...) Und es geht jetzt darum, wirklich die Leitlinien für die nächsten Jahre auf einen guten Weg zu bringen, und da spreche ich vor allem davon, dass wir die großen Dinge gemeinsam lösen müssen, das pro-europäisch angehen und uns auch Verbündete suchen innerhalb Europas."

Armin Wolf: „Ich unterbreche Sie ungern in Ihrer ersten Antwort, aber das hat gar nichts mit meiner Frage zu tun. Wie wird sich die türkis-grüne Europapolitik von der türkis-blauen unterscheiden?"

Karoline Edtstadler: „Ich kann von mir sprechen und da gibt es einen pro-europäischen Zugang, den ich auch weiterverfolgen werde. Der Zugang ist der, dass wir die großen Dinge gemeinsam lösen, die Frage der Migration etwa."

Armin Wolf: „Den Unterschied kenne ich immer noch nicht."

Das Beispiel zeigt zwei Dinge. Erstens, dass selbst ein cleverer Journalist wie Armin Wolf damit scheitern kann, auf seine Fragen eine Antwort zu erhalten, auch wenn er sie wiederholt. Zweitens, dass Politiker eben nicht Politiker geworden sind, um sich von Journalisten vorschreiben zu lassen, was und worüber sie zu sprechen haben. Sie wollen die Zeit, die sie im Fernsehen haben, oder die Zeilen, die ihnen in Zeitungen oder auf Internetportalen bei einem Interview zur Verfügung gestellt werden, nutzen, um eigene zentrale Botschaften zu platzieren. Im besten Fall ergibt sich das durch eine Frage, die entsprechend umgedeutet oder erweitert werden kann, im schlechtesten Fall muss man die Frage ignorieren und als Mittel zum Zweck nutzen. „Wenn man als Fragesteller möchte, dass jemand einen Satz genau so formuliert, wie man das will, dann muss man sich einen Papagei anschaffen. Der macht das", sagt der SPD-Politiker Ralf Stegner. Und weiter: „Die Rollenverteilung zwischen Journalisten und Politikern sollte schon sein, dass die einen fragen, was sie möchten, und die anderen sagen, was sie für richtig halten."

Das kann dazu führen, dass Journalisten Grundregeln aus ihrer Ausbildung vergessen, etwa die, in Interviews möglichst offene Fragen zu stellen und keine, auf die die Befragten Ja oder Nein sagen können, um wenigstens einmal eine klare Antwort zu bekommen. Oft gelingt es nicht, es ist erstaunlich, mit welcher Selbstverständlichkeit Politiker selbst bei Livesendungen über die Fragen hinweggehen, als seien sie gar nicht gestellt worden. Statt eine direkte Antwort zu geben, sagt man einfach: „Bevor ich dazu komme, würde ich gern auf einen Punkt eingehen, den ich für noch wichtiger halte", oder: „Das ist eine interessante Frage, aber lassen Sie mich vorher …" Diese Art, Fragen zu ignorieren, hat einen eigenen Namen, man nennt sie die 3-T-Technik, die T stehen für touch, turn und tell. Soll heißen: Der Politiker streift mit seiner Antwort kurz die Frage, die ihm gestellt worden ist, und wendet sich dann dem Thema zu, über das er lieber sprechen will und auf das er besser vorbereitet ist.

Wem das zu kompliziert ist: Noch einfacher ist es, insbesondere bei TV-Interviews, auf die erste Frage, die gestellt wird, so lange wie möglich zu antworten. „Österreichische Politiker scheinen alle zu denselben Medientrainern zu gehen, die ihnen genau das empfehlen", sagt Armin

Wolf. „Denn je länger sie reden, desto weniger unangenehme Fragen kann der Interviewer stellen." In seinem Land gebe es kaum noch Politiker, die Antworten unter einer Minute geben würden. Besonders raffiniert wird es, wenn ein Politiker versucht, eine Frage in mehreren Teilen zu beantworten, so nach dem Motto: „Es gibt drei Argumente, die mir in diesem Zusammenhang wichtig sind. Erstens …" Spätestens dann hat der Interviewer verloren, weil er gezwungen ist, seinen Gast alle drei Punkte vortragen zu lassen.

Christian Lindner, FDP-Vorsitzender und Bundesfinanzminister, war lange ein Meister dieser Drei-Punkte-Rhetorik und es gibt wenige Politiker, bei denen der Unterschied zwischen dem offiziellen und dem inoffiziellen Auftreten gegenüber Journalisten so groß ist wie bei ihm. Jedes Mal, wenn ich Lindner zu einem Interview für einen Podcast getroffen habe, war ich erstaunt, wie radikal und auf den Punkt er den Schalter umlegen kann. Es gibt einen Christian Lindner vor den Kameras und Mikrofonen und einen Christian Lindner, wenn die Kameras und Mikrofone ausgeschaltet sind, ein Befund, den er nicht abstreitet, wenn man ihn darauf anspricht. Denn natürlich ist jemand wie er, sind die meisten Politiker in der Lage, auf Fragen zu antworten. In Hintergrundgesprächen kann selbst Olaf Scholz über Politik so sprechen, dass man, glauben Sie es oder glauben Sie es nicht, ihm gern zuhört. Aber wenn es ernst wird, wenn es um eine Veröffentlichung geht, ist das vorbei. Dann erfährt jeder Journalist, der meint zu wissen, wie ein Politiker spricht oder tickt, dass er irrt. Und umgekehrt.

Vielleicht ist das auch ganz gut so. Auf jeden Fall zeigt sich an der Art und Weise, wie Politiker mit journalistischen Fragen umgehen und wie sie sich zum Teil darüber lustig machen, dass es so etwas wie eine Kumpanei, die den Medien mit der Politik oft unterstellt wird, nicht gibt. Im Gegenteil ist meine Erfahrung, dass selbst Politiker, die in der Öffentlichkeit das hohe Lied der Pressefreiheit singen und die Bedeutung eines kritischen Journalismus für unsere Demokratie betonen, insgeheim die Presse manchmal verfluchen. „Es gibt Abende, da hasse ich Sie, und es gibt Abende, da liebe ich Sie", hat ein Spitzenpolitiker einmal zu Markus Lanz gesagt und mit dieser Einschätzung ist er nicht allein.

Grundsätzlich basiert das Verhältnis von Politik und Medien, die auf Außenstehende manchmal wirken, als würden sie miteinander klüngeln, mehr auf Miss- denn auf Vertrauen. Die Nähe, die die handelnden Personen zueinander haben, weil sie sich permanent treffen (müssen) und miteinander sprechen, täuscht. Am Ende weiß jeder um die Rolle des anderen, es ist ein professionelles Spiel, in dessen Mittelpunkt die Sache mit den Fragen steht, die die einen für ihr Publikum stellen und die die anderen oft nicht beantworten wollen. Wobei Politiker, die darauf trainiert sind, Fragen zu ignorieren, unterschätzen, dass sie damit nicht nur den Interviewer, sondern auch die Zuschauer verärgern können. Wer immer nur spricht, ohne etwas zu sagen, wird irgendwann niemandem mehr haben, der ihm zuhört.

Ich habe einmal Olaf Scholz in einem Podcast, also in einer Situation, in der er deutlich schwieriger ausweichen konnte als in einem Zeitungsinterview, das hinterher autorisiert werden muss, gefragt, warum er auf Fragen nicht antworte. Es war eine skurrile Situation, wir mussten beide grinsen, und während ich die Frage formulierte, wurde mir klar, dass er natürlich diesmal nicht antworten würde. Er äußerte immerhin ein paar Sätze, die an dieser Stelle gut passen und die so für viele Politiker in unserem Land (und, wie wir gelernt haben, auch in Österreich) gelten. Scholz sagte: „Ich versuche, eine geordnete Antwort zu geben, sagen wir es mal so. Jeden Satz, den man als Politiker sagt, muss man so sagen, dass ihn jeder versteht, auch wenn er nicht dabei gewesen ist. Man kann nicht darauf setzen, dass der Rahmen, in dem ein Satz gefallen ist, immer mitgeliefert wird." Wenn man so denkt, wird selbst eine Formulierung wie „Guten Morgen" schwierig, vor allem, wenn man nicht irgendein Politiker ist, sondern Bundeskanzler, und wenn die großen Themen nicht Gendern oder die rechtzeitige Abgabe der Grundsteuererklärung sind, sondern ein Krieg mitten in Europa.

Wenn Macht sprachlos macht

Wieso sich die Rhetorik von Politikern umso mehr ändert, je wichtiger sie sind

Die Rede war als eine mit historischen Dimensionen angekündigt worden und es hätte nicht viel gefehlt, dann wäre sie das tatsächlich geworden. Am 26. März 2022 sprach Joe Biden vor tausend geladenen Gästen im Warschauer Königsschloss. Es ging um den russischen Angriffskrieg in der Ukraine im Speziellen und die Verteidigung der Demokratie im Allgemeinen, als der amerikanische Präsident ein paar Worte sagte, mit denen niemand gerechnet hatte. „Um Gottes Willen, dieser Mann darf nicht an der Macht bleiben“, bildete den Abschluss seiner Rede und mit „dieser Mann“ war natürlich der russische Präsident Wladimir Putin gemeint. Wer Bidens Auftritt verfolgte, hielt unwillkürlich den Atem an. Hatte der US-Präsident wirklich den Sturz des Kriegstreibers gefordert? Wollte es der Führer der freien Welt im Zweifel darauf ankommen lassen, Putin aus dem Kreml zu jagen? Und was hieß das, im Blick auf die militärische Konfrontation zwischen der NATO und Russland, die ja um jeden Preis vermieden werden sollte?

Das waren Fragen, die für eine kurze Zeit in Redaktionen auf der ganzen Welt und in den sozialen Medien diskutiert wurden, bevor das Weiße Haus das tat, was man nicht nur in der Politik zurückrudern nennt. Die Aussagen des eigenen Präsidenten wurden relativiert, Biden wolle nicht über Putins Macht und Stellung entscheiden, er habe lediglich gemeint, dass der russische Präsident keine Macht über Nachbarn oder die Region ausüben sollte, hieß es. Die Botschaft war eindeutig: Der Satz hätte so niemals fallen dürfen, weil er missverstanden werden und von Russland als Beweis dafür genommen werden könnte, dass es den USA und ihren Verbündeten bei der Unterstützung der Ukraine im Kern doch um den Sturz Putins gehe. US-Außenminister Antony Blinken versuchte zu retten, was nicht mehr zu retten war, indem er erklärte: „Wie Sie wissen und wie Sie uns wiederholt sagen hören, haben wir keine Strategie für einen Regimewechsel in Russland oder sonst wo." Trotzdem konnte die russische Führung ihren Bürgern den Beweis präsentieren, dass nicht Putin, sondern Biden sich aggressiv in die Belange anderer Staaten einmischt, die ihn überhaupt nichts angehen.

US-Präsidenten neigen dazu, Äußerungen von sich zu geben, die mindestens unbedacht bis undiplomatisch sind, manchmal können sie sogar heikel werden. Unvergessen ist, wie einer der Vorgänger Bidens, Ronald Reagan, vor Beginn eines TV- und Radioauftritts bei der Tonprobe Folgendes sagt: „Liebe Amerikaner, es ist mir ein Vergnügen, Ihnen heute mitzuteilen, dass ich ein Gesetz unterzeichnet habe, das Russland für vogelfrei erklärt. Wir beginnen mit der Bombardierung in fünf Minuten." Das sollte lustig sein, ein Scherz in der Annahme, dass die Mikrofone nicht angeschaltet sind (was sie aber waren), ist aber riskant, genauso, wie es Joe Bidens Worte in Warschau waren. Wer Präsident der Vereinigten Staaten von Amerika, Premierminister von Großbritannien oder Bundeskanzler der Bundesrepublik Deutschland ist, muss in jeder Sekunde wissen, dass alles, was er sagt und macht, eine Wirkung hat, und dass er deshalb bei seinen Auftritten sehr vorsichtig und konzentriert sein muss.

Wenn es eine Personengruppe gibt, auf die der Satz des österreichischen Philosophen und Psychotherapeuten Paul Watzlawick zutrifft, dass man „nicht nicht kommunizieren kann", sind es Politiker in wichtigen Positionen. Olaf Scholz hat das wenige Wochen nach seinem Amtsantritt bemerkt, als selbst darüber berichtet wurde, dass er bei einer Auslandsreise im Flugzeug statt eines Anzugs mit Krawatte einen Pullover getragen habe. Alles, was ein mächtiger Politiker sagt, tut oder eben trägt, wird notiert und gegebenenfalls gedeutet und erfährt dank des Internets eine sekundenschnelle Verbreitung. Macht muss deshalb in Teilen sprachlos machen, auf jeden Fall hat sie starken (um nicht zu sagen: mächtigen) Einfluss darauf, wie ein Politiker kommuniziert.

Wer als Hinterbänkler im Bundestag sitzt, kann ruhig mal steile Thesen formulieren oder die eigene Fraktion/Regierung kritisieren, weil es in der Regel kaum einer mitkriegt und wenn, nicht besonders ernst nimmt. Doch mit jeder neuen Position, mit jedem Aufstieg im System ändert sich nicht nur die Wahrnehmung, sondern auch die Bedeutung dessen, was man sagt. Der entscheidende Unterschied besteht dabei zwischen Politikern, die eher eine bewertende und kommentierende Rolle haben, und jenen, die am Ende das, was sie sagen, auch tun müssen. Wer in der Opposition sitzt, kann (von der Regierung) fordern, was er will, weil er höchstwahrscheinlich kurz- bis mittelfristig nicht in die Verlegenheit kommt, es umsetzen zu müssen. Unter anderem deshalb sprechen Oppositionspolitiker so, wie sie sprechen. Je weiter sie von der Macht entfernt sind, desto klarer und deutlicher hört sich das an, was sie sagen, und es ist kein Zufall, dass diejenigen Parteien, mit denen niemand koalieren und regieren will, selbst auf die schwierigsten Fragen einfache Antworten haben.

Das ändert sich, wenn man der Macht näherkommt, was man nach der Bundestagswahl 2021 am besten an Christian Lindner sehen konnte, der als Bundesfinanzminister (natürlich!) ganz anders spricht, als er das als Anführer einer kleinen Oppositionspartei getan hat, die die FDP zuvor war. Die Erkenntnis, dass alles, was man sagt, daran gemessen wird, ob man es auch tut, und umgekehrt, diszipliniert die Sprache, je weiter es nach oben geht. Ganz oben, also mindestens ab der Ebene der Bundesminister, kommt hinzu, dass eine unbedachte Äußerung oder ein verrutschter Nebensatz böse Folgen haben kann. Das galt in normalen Zeiten und das gilt in Kriegs- und Krisenzeiten umso mehr, in denen Missverstände, auch rein kommunikative, katastrophale Konsequenzen haben können. Auch deshalb wird man von Bundeskanzlern nie rhetorische Feuerwerke erwarten können. Vielleicht sind die besten Rhetoriker im Bundestag, die Wolfgang Kubickis und Wolfgang Bosbachs dieser Welt, nie in operative Regierungsämter gegangen oder geschickt worden, weil sie dort notgedrungen auf ihre größte Stärke hätten verzichten müssen. Und vielleicht ist genau das der Grund, warum am Ende im Kanzleramt in der jüngeren Vergangenheit nicht die großen Charismatiker, sondern nüchtern denkende und abwägende Menschen landeten.

Auf jeden Fall ist es kein Zufall, dass Angela Merkel im Verlauf ihrer 16 Jahre als Bundeskanzlerin ihre Kommunikation und ihre öffentlichen Auftritte immer weiter zurückgefahren hat. In der Anfangsphase brauchte sie den indirekten Kontakt zu den Wählern über die Medien, um sich und ihren Politikstil bekannter zu machen und bestehende Vorurteile („Kohls Mädchen") zu widerlegen. Mit jeder Wiederwahl schlug die Kosten-Nutzen-Rechnung gerade von Interviews aber um, irgendwann beschränkte sich Merkel im Wesentlichen darauf, einmal im Jahr zu *Anne Will* zu gehen, das tat nicht weh. Olaf Scholz, der sich selbst vor der Bundestagswahl 2021 als „männliche Merkel" positionierte beziehungsweise von engen Vertrauten wie Wolfgang Schmidt positionieren ließ, hatte einen ähnlichen Plan. „Er hatte vor, sich nach einer Übergangszeit aus dem öffentlichen Streit Schritt für Schritt herauszuhalten", sagt der Dokumentarfilmer Stephan Lamby, der den Kanzler auch seit seiner Wahl mit der Kamera begleiten darf. Ursprünglich habe man die großen gesellschaftlichen Debatten aus dem Kanzleramt zwar beobachten, aber „nicht anstoßen wollen und sehr sparsam kommunizieren wollen".

Dann kam der Krieg, und sowohl in Europa und Deutschland als auch im Bundeskanzleramt war nichts mehr, wie es war. Olaf Scholz und seine Berater standen vor einer Situation, die ihnen kommunikativ alles abverlangte. Einerseits konnte sich der Kanzler, anders als seine Vorgängerin, nicht zurückziehen und ausgewiesenen Erklärern den Vortritt lassen, bei Merkel waren es vor allem ihre Vertrauten Peter Altmaier und Helge Braun gewesen. Die Bürger hatten so viele Fragen und Ängste, dass sie nach Antworten von ihrem neuen Regierungschef verlangten. Andererseits galt bei jedem der vielen Interviews und allen Auftritten, die man eigentlich hatte vermeiden wollen, äußerste sprachliche Vorsicht. Ein falsches Wort oder eine Bemerkung, die falsch verstanden werden konnte, waren gefährlich und konnten dazu führen, dass Deutschland tiefer in den Krieg hineingezogen wird, als der Kanzler das wollte. Diesem Ziel hat Olaf Scholz alles ungeordnet, auch die Klarheit der eigenen Kommunikation.

So stand ausgerechnet der Mann, den sie wegen seiner gestelzten Sprache lange als Scholzomaten bezeichnet hatten (und das ab 2022 wieder stärker taten), zum Beginn seiner Kanzlerschaft in dem Bereich vor einer großen Herausforderung, in dem er die größten Schwächen hat. In dem Podcast „Das Scholz-Update", in dem ich seit Ende 2021 jede Woche mit Politikern, Journalisten und Wissenschaftlern darüber spreche, wie sich die Ampel-Regierung und ihr Chef schlagen, verging keine Folge, in der wir nicht über Scholz' Kommunikation gesprochen haben.

Die Debatte zeigte, warum Politiker, die an der Macht sind, so sprechen, wie sie sprechen, und warum sich das in Kriegszeiten potenziert. Sie dürften selbst in der härtesten Krisensituation „keine Emotionalität zeigen, sondern müssen immer den Eindruck vermitteln, dass sie die Dinge in der Hand haben", sagt Peter Tschentscher, Erster Bürgermeister der Freien und Hansestadt Hamburg. Sie müssten „aufpassen, nicht ständig Drohgebärden aufzubauen, damit nicht irgendwann aus diesen Drohgebärden einmal etwas Realistisches wird", fordert der Vizepräsident des Deutschen Bundestages, der bereits erwähnte Wolfgang Kubicki. Und sie müssten grundsätzlich zurückhaltend, nüchtern und abwartend kommunizieren und alle Formulierungen vermeiden, die diplomatisch gefährlich werden können, meint der Publizist Albrecht Lucke. So lässt sich vielleicht auch erklären, warum Scholz und Teile der Bundesregierung auf die Frage, ob die Ukraine den Krieg gegen Russland gewinnen müsse, oft geantwortet haben, dass die Ukraine den Krieg nicht verlieren dürfe. Der Unterschied mag semantisch minimal, in der Realität eines Krieges kann er entscheidend sein.

„Man muss sehr stark darauf achten, dass einem keine kommunikativen Fehler passieren, dass nicht plötzlich eine unbedachte Äußerung herausrutscht", sagt Ursula Schröder, die Wissenschaftliche Direktorin des Instituts für Friedensforschung und Sicherheitspolitik an der Universität Hamburg. Politische Kommunikation in Kriegszeiten habe mehrere Öffentlichkeiten, die man berücksichtigen müsse, das mache sie so kompliziert: „Scholz spricht nicht nur zu seinen Bürgern, sondern auch zur russischen und europäischen Öffentlichkeit." Nicht nur deshalb könne es manchmal besser sein, nichts zu sagen, so Schröder: „Es gibt durchaus Bereiche in der Außenpolitik, in denen es um Geheimnisse geht, und die kann man dann auch nicht ausbreiten. Manchmal sind keine öffentlichen Informationen und Mediendebatten besser." Die Friedensforscherin hält die vorsichtige Kommunikation des Bundeskanzlers in

Richtung Russland für richtig, „zu signalisieren, dass Deutschland keine aggressiven Absichten gegenüber Putin hat und auch in Zukunft nicht haben wird. Das immer wieder zu wiederholen, ist wichtig." Man müsse sich bewusst machen, dass die Gegenseite sehr genau analysieren würde, welches Aggressionspotenzial hinter bestimmten Begriffen und Äußerungen steckt: „Beide Parteien müssen gut verstehen, was die jeweils andere Partei sagt, damit es nicht durch kommunikative Missverständnisse zu einer Eskalation des Krieges kommt."

Die Sprache der Mächtigen wird, nicht nur in den beschriebenen Ausnahmesituationen, von einem weiteren Faktor bestimmt. Sie dürfen nicht zu Getriebenen werden, sie dürfen sich weder vom politischen Gegner noch von den Medien vorschreiben lassen, was und wie sie es zu sagen haben, weil ihnen das schnell als Schwäche ausgelegt werden würde. SPD-Politiker wie der Parteivorsitzende Lars Klingbeil haben es zu Beginn des Ukraine-Krieges damit auf die Spitze getrieben, wenn sie etwa das Wort Nord Stream 2 nicht in den Mund genommen haben, auch wenn Journalisten sie wiederholt auf die Gaspipeline ansprachen, durch die die Abhängigkeit Deutschlands von Russland noch größer geworden wäre, als sie es sowieso war. Das hörte sich dann in der Sendung von Markus Lanz kurz vor Kriegsbeginn so an, nachdem der Moderator gefragt hatte, warum denn in der SPD niemand Nord Stream 2 sagen würde:

Lars Klingbeil: „Ich kann gern Nord Stream 2 sagen, wenn Sie das so erfreut."

Markus Lanz: „Würden Sie auch den Satz sagen: Wenn Russland in die Ukraine marschiert, dann fließt durch Nord Stream 2 kein Gas?"

Klingbeil: „Wir können auch Wladimir Putin alles sagen, was wir vorhaben …"

Lanz: „Würden Sie den Satz sagen?"

Klingbeil: „Wir können uns ziemlich dumm in der Außenpolitik verhalten, aber ich bin dagegen, dass wir das tun."

Es könne ein Ausweis von Stärke sein, sich von niemandem treiben zu lassen, sagt Kubicki, auch wenn das schnell bockig wirkt. Olaf Scholz hat in diesem Zusammenhang erklärt, dass für ihn Führung ist, genau das nicht zu tun, was andere von ihm verlangen, und damit nicht nur Journalisten, sondern auch mindestens zwei Politiker aus der eigenen Koalition gemeint. Marie-Agnes Strack-Zimmermann von der FDP und Anton Hofreiter von den Grünen haben im Verlauf des Krieges ständig versucht, den Kanzler unter Druck zu setzen und vor sich herzutreiben, sie waren, obwohl das Kanzleramt davon abgeraten hatte, zum Beispiel zu einem frühen Zeitpunkt ins Kriegsgebiet nach Kiew gefahren. Das Ergebnis konnte sich sehen lassen, wenn man es als Erfolg wertet, dass der sonst so vorsichtig und kompliziert formulierende Scholz in Richtung Strack-Zimmermann und Hofreiter diese Botschaft sandte: „Ganz klar ist, dass in so einer Situation sich immer wer zu Wort meldet und sagt: ‚Ich möchte, dass es in diese Richtung geht, und das ist Führung.' ... Manchen von diesen Jungs und Mädels muss ich mal sagen: Weil ich nicht tue, was ihr wollt, deshalb führe ich."

Das hat jeder verstanden, viele andere Dinge, die der Kanzler in einer erstaunlich langen Reihe an Interviews gesagt hat, bleiben sperrig und schwer nachzuvollziehen, „auch, weil Scholz immer so eine Verweigerungshaltung ausstrahlt, nach dem Motto: Wenn ihr mich das fragt, sage ich es erst recht nicht", sagt Tina Hildebrandt, die Politikchefin der Wochenzeitung *Die Zeit*. Es komme hinzu, dass „er unbedingt vermeiden will, Dinge zu versprechen, die er nicht halten kann, und Dinge zu sagen, die er zurücknehmen muss". Deswegen denke Scholz sehr genau darüber nach, was er sage, deswegen entstünden zum Teil „sehr sperrige Wortkonstruktionen".

Wer Bundeskanzlern oder Ministern vorwirft, in nicht gekannten Situationen, wie wir sie mit der Corona-Pandemie, dem Ukraine-Krieg und der Klimakrise erleben, nicht die richtigen Worte zu finden, und ihnen vorwirft, in den Antworten auf drängende Fragen der Bürger nicht konkret genug zu werden, tut ihnen aber auch Unrecht. Kai Diekmann, ehemaliger Chefredakteur der *Bild-Zeitung* und enger Vertrauter von Bundeskanzler Helmut Kohl, erinnert in diesem Kontext an den langen und schwierigen Weg zur deutschen Einheit, der sprachlich unter anderem die „blühenden Landschaften" hervorgebracht hat, zu denen die neuen Bundesländer werden sollten: „Helmut Kohl hat immer gesagt:

Es war wie ein Weg durchs Hochmoor. Es war neblig, wir haben uns vorgetastet und gehofft, dass wir irgendwann wieder auf festen Grund treffen." Und natürlich seien auch dem Kanzler damals Fehler unterlaufen, nicht nur kommunikativer Art: „Wenn ihm diese vorgeworfen wurden, hat er gesagt: Bei der nächsten Wiedervereinigung machen wir alles anders ..."

Die Wiedervereinigung ist wahrscheinlich der schönste Beweis, dass Weltbewegendes passieren kann, wenn mächtige Politiker für einen Moment unaufmerksam sind und ihre Kommunikation nicht unter Kontrolle haben. Ein Flüchtigkeitsfehler des damaligen SED-Spitzenfunktionärs Günter Schabowski veränderte am frühen Abend des 9. November 1989 die Geschichte. Der Politiker war bei einer Pressekonferenz gefragt worden, ab wann denn die kurz zuvor verkündeten neuen Regeln für die Ausreise aus der DDR gelten sollten. Schabowski, sonst rhetorisch versiert und nicht aus der Ruhe zu bringen, verlor die Übersicht, blätterte hektisch durch ein paar Papiere, um dann einen Satz zu formulieren, der für immer mit ihm und der Wiedervereinigung verbunden sein wird: „Das tritt nach meiner Kenntnis ... ist das sofort, unverzüglich."

Die Angst vor dem einen Satz, der sich verselbstständigt

Von „Privatwohnungen, die durchsucht werden müssen" über die „kleinen Paschas" bis zum „Hafengeburtstag"

Bis sie Oberbürgermeisterin von Kiel wurde, war Susanne Gaschke Journalistin. Für das Amt in der Politik kündigte sie ihren Job bei der Wochenzeitung *Die Zeit*, um Ende 2012 nicht mehr nur über Politik zu berichten, sondern selbst Politik zu machen. Ein knappes Jahr später ereilte sie das, wovon sie vorher nur gelesen oder manchmal selbst geschrieben hatte. Gaschke geriet in eine Affäre, bei der es um einen Steuererlass für einen Kieler Unternehmer ging, der in ihrer Stadt heftig diskutiert wurde. Im Oktober 2013 trat die Oberbürgermeisterin unter medialem Druck zurück und kritisierte jene Branche heftig, aus der sie kam und in die sie wieder zurückkehren würde.

Susanne Gaschke kennt also das Geschäft von beiden Seiten und sie hat dazu einen Satz formuliert, der unbedingt an den Anfang dieses Kapitels gehört, das eines der wichtigsten ist, wenn man verstehen will, warum Politiker so sprechen, wie sie sprechen. Sie schrieb: „Dem Politiker bricht eine unbedachte Äußerung vielleicht das Genick; der Journalist ist auf der Jagd nach unbedachten Äußerungen." Das Zitat stammt aus dem Jahr 2016, heute müsste man hinzufügen: „... und die Meute in den sozialen Medien sowieso."

Die Angst vor einer unbedachten Äußerung, vor einem Satz oder dem Teil eines Satzes, der sich verselbstständigt und nicht mehr einfangen lässt, der verkürzt wird, einen Shitstorm oder Schlimmeres bewirkt, ist so groß wie nie zuvor und sie ist berechtigt. Jeder O-Ton eines Politikers, jeder Mitschnitt einer Rede oder einer Podiumsdiskussion, jeder Tweet oder Post kann sich aus dem Kontext lösen und in höchster Geschwindigkeit weiterverbreitet werden, auf Seiten und in Foren, bei denen man nicht wie bei einer Zeitung den Chefredakteur anrufen und um eine Richtigstellung bitten oder mit einer Gegendarstellung drohen kann.

Die Gefahr, dass ein Zitat getrennt wird von dem, der es gesagt hat, ist in den Zwanzigerjahren des 21. Jahrhunderts so real, dass man Politiker verstehen muss, die auf Nummer sicher gehen und ihre Worte so wählen, dass jeder, der sie hört, sie so versteht, wie sie gemeint gewesen sind, auch wenn der, der sie hört, nicht dabei war, als sie gefallen sind, und nicht einmal den Zusammenhang kennt. Der Satz allein zeigt, was die Angst vor einer politischen Kommunikation, die einem entgleiten könnte, mit dieser Kommunikation macht. Das allerbeste Rezept dagegen sind Floskeln und Phrasen, in die „man vollstes Vertrauen" haben kann, weil sie „die Menschen mitnehmen" und „niemanden zurücklassen", die aber vor allem eines sind: leer. Nur wer nichts sagt, muss nicht befürchten, dass er falsch zitiert wird.

Die Rolle der sozialen Medien und die Geschwindigkeit der Verbreitung von Nachrichten muss man immer berücksichtigen, wenn man heute kritisiert, dass die Sprache in der Politik so geworden ist, wie sie ist. Die Voraussetzungen, unter denen sich Politiker behaupten müssen, sind nicht annähernd mit denen zu vergleichen, unter denen die gefeierten Redner vergangener Epochen groß werden konnten. Männer wie Franz-Josef Strauß, Herbert Wehner oder Helmut Schmidt, um nur die bekanntesten zu nennen, wurden politisch in Bonn sozialisiert, in einer Zeit, in der zwischen einer Äußerung und der medialen Verarbeitung mindestens ein Redaktionsschluss lag. Im Zweifel bekamen die Menschen von den Scharmützeln im Bundestag gar nichts mit, und wenn sie es taten, konnten sie es in den Leserbriefspalten der Zeitungen kommentieren. Politiker (Politikerinnen spielten in der Zeit, über die ich an dieser Stelle schreibe, kaum eine Rolle) konnten mehr oder weniger machen und sagen, was sie wollten. Das Einzige, was sie fürchten mussten, war eine Ermahnung im Bundestag, aber auch dort wurde damals viel mehr durchgelassen. „Wenn heute im Parlament so gesprochen würde, wie es etwa Strauß und Wehner getan haben, müsste ich als Versammlungsleiter bei jedem dritten Satz einen Ordnungsruf erteilen, so haben wir uns daran gewöhnt, dass wir nicht mehr in klaren Worten pointiert etwas auf den Punkt bringen", sagt Wolfgang Kubicki, einer der Vizepräsidenten des Deutschen Bundestages. Inzwischen könne man sogar „nichts oder wenig sagen und damit Kanzler werden", siehe Angela Merkel und Olaf Scholz.

Giovanni di Lorenzo, Chefredakteur der *Zeit* und damit ehemaliger Vorgesetzter von Susanne Gaschke, bringt für die Zwänge der Politik etwas mehr Verständnis auf: „Jeder falsche Satz, jedes falsche Wort kann zu einer unheimlichen Belastung für eine Politikerin oder einen Politiker werden. Deshalb fangen viele an, auf Autopilot zu schalten und nur das zu sagen, was absolut unverdächtig ist. Das nervt natürlich. Aber ich muss zugeben: Wenn ich selbst interviewt werde, lege ich großen Wert auf eine Autorisierung, weil einen jedes falsch gesetzte Wort wochenlang beschäftigt halten kann. Ich finde, Journalisten sollten generell aufhören, jeden Halbsatz aus dem Zusammenhang zu reißen und zu skandalisieren. Das ist für die öffentliche Debatte furchtbar." Und sei es nur, weil mit jedem neuen Shitstorm die Bereitschaft von Politikern weiter zurückgeht, Klartext zu reden.

Wie das ist, wochen-, nein, monatelang damit beschäftigt zu sein, eigenen Aussagen hinterherzulaufen und meist damit zu scheitern, sie einzufangen, hat kaum ein Politiker so erlebt wie Karl Lauterbach. Vor Corona war er für die meisten Bürger der etwas skurrile SPD-Typ mit der Fliege (die er früher gern getragen hat, weil sie in anderen Ländern als eine Art Erkennungszeichen für Mediziner gilt), mit Beginn der Pandemie stieg er dank 31 Talkshow-Auftritten allein im Jahr 2020 neben dem Virologen Christian Drosten zum wichtigsten Virus-Erklärer auf. Drosten und Lauterbach teilten das gleiche Schicksal: Corona machte sie bekannt, verehrt und gehasst zugleich, die Menschen im Land projizierten alle ihre Sorgen, Ängste und Hoffnungen vor allem auf diese beiden Männer.

Karl Lauterbach brauchte ab einem bestimmten Zeitpunkt Polizeischutz, wenn er sich in der Öffentlichkeit bewegte, weil andauernd Aussagen von ihm verdreht oder in einem falschen Zusammenhang durchs

Netz waberten, mit Reaktionen, die man erst einmal verkraften muss. Ende Oktober 2020 ging eine Meldung mit der Überschrift „Lauterbach fordert Corona-Kontrollen in Privatwohnungen" viral, mit dem Subtext: „Der SPD-Gesundheitsexperte Karl Lauterbach fordert Corona-Kontrollen auch in Privatwohnungen. Der *Rheinischen Post* sagte er, wir befänden uns in einer nationalen Notlage, die schlimmer als im Frühjahr werden kann: ‚Die Unverletzbarkeit der Wohnung darf kein Argument mehr für ausbleibende Kontrollen sein.'" Die Kommentare dazu lasen sich so: „Der sollte auswandern, solange er noch kann." – „Vorschlag für gut befunden, aber er macht die Kontrollen persönlich und ich suche die Häuser aus … das Thema ist dann schnell durch." – „Und sonst so, Herr Lauterbach? Heute schon gestuhlt? Ein freier Darm wirkt manchmal Wunder …" – „Bald werden Köpfe rollen." – „Gibt es keine Terroristen mehr in Deutschland?"

Tatsächlich hatte Lauterbach Kontrollen auch in privaten Räumen gefordert, allerdings mit einer entscheidenden Einschränkung, die in der aggressiv geführten Debatte in den sozialen Medien keine Rolle spielte, wahrscheinlich weil die, die kommentierten, den Text gar nicht zu Ende gelesen hatten. Lauterbachs Zitat hat nämlich einen zweiten Teil, den man besser nicht mitliefert, wenn man sich über den Politiker aufregen will. Im Original heißt es: „Wir befinden uns in einer nationalen Notlage, die schlimmer als im Frühjahr werden kann. Die Unverletzbarkeit der Wohnung darf kein Argument mehr für ausbleibende Kontrollen sein", sagte Lauterbach der *Rheinischen Post.* „Wenn private Feiern in Wohnungen und Häusern die öffentliche Gesundheit und damit die Sicherheit gefährden, müssen die Behörden einschreiten können."

Wir erinnern uns: Um die Ausbreitung des Corona-Virus zu verlangsamen, gab es Ende 2020 sogenannte Kontaktbeschränkungen, Feiern mit mehreren Menschen waren als potenzielle Superspreading-Events verboten. Nichts anderes hatte Karl Lauterbach gesagt, bei seinem Interview aber nicht darauf geachtet, dass der erste Teil seines Statements („Wir befinden uns" bis „darf kein Argument mehr für ausbleibende Kontrollen sein") ohne den zweiten („Wenn private Feiern" bis „müssen die Behörden einschreiten können") einen anderen Zungenschlag bekommt. Das Beispiel zeigt, dass Politiker nicht mehr davon ausgehen können, dass bei ihren Aussagen der Zusammenhang mitgeliefert wird. Deshalb sind sie gut beraten, so zu formulieren, dass es zu keinen Missverständnissen kommen kann, nur so lassen sich Drohungen und Kommentare, wie sie Karl Lauterbach während der Pandemie jeden Tag unzählige Male über sich lesen konnte, vermeiden. Es ist bemerkenswert, dass er sich davon nicht hat einschüchtern lassen, sondern dagegengehalten hat, in dem beschriebenen Fall etwa mit einem Kommentar auf Facebook am 28. Oktober 2020, in dem er über sein unvollständig wiedergegebenes Interview schreibt: „Das zeigt, was verkürzte, absichtlich verhetzte Zitate für eine Wirkung haben. Ich hatte nur gesagt, dass verbotene private Feiern auch kontrolliert werden müssen. Wie Lärmstörung in der Nacht. Eigentlich eine Selbstverständlichkeit. Jetzt wird im Netz zu meiner Ermordung aufgerufen …"

Dass der Weg von einem falsch verstandenen Satz zu einer Morddrohung im Internet so kurz ist, dass nahezu alle Menschen, die sich öffentlich am politischen Diskurs beteiligen, damit rechnen müssen, mindestens übel beschimpft zu werden, macht es nicht attraktiver, sich politisch zu engagieren. Karl Lauterbach hat sich davon nicht abschrecken lassen, weil er es als Verpflichtung empfand, „die Dinge zu erklären" und „eine aufklärerische Arbeit" zu leisten, was das Corona-Virus und seine Verbreitung betraf: „Ich wollte Inhalte vermitteln."

Am Ende haben sich sein Mut und sein Durchhaltevermögen, wenn man das so schreiben darf, bezahlt gemacht. Bundeskanzler Olaf Scholz konnte bei der Zusammenstellung seiner Regierung gar nicht anders, als Karl Lauterbach zum Gesundheitsminister zu ernennen. Lauterbach sagt dazu: „Ich bin viel in Talkshows, aber ich bin auch jeden Tag in Nachrichtensendungen gewesen. Meine Präsenz war in anderen Formaten und den sozialen Medien hoch. Die Kombination hat eine Rolle gespielt, dass sich in der Bevölkerung eine breite Unterstützung für meine Rolle als Gesundheitsminister aufgebaut hat."

Lauterbachs Karriere zeigt gut die Zwänge und Mechanismen des politischen Systems. Wer wenig kommuniziert oder so spricht, dass man ihn schwer versteht, läuft einerseits kaum Gefahr, dass sich Aussagen von ihm verselbstständigen, dürfte andererseits aber auch nicht einer großen Zahl an Wählern bekannt werden. Wer sich viel äußert, wird früher oder später in einen Shitstorm geraten, vielleicht aber auch, siehe Lauterbach, in ein wichtiges Amt. Das richtige Maß zu finden, eine Balance zwischen der öffentlichen Wahrnehmbarkeit und der Zumutbarkeit dessen, was aus den eigenen Äußerungen gemacht wird, ist schwierig.

Wenigstens dabei hilft es, wenn man wie Karl Lauterbach den letzten Karriereschritt macht und in dem Themenbereich, in dem man sich am besten auskennt, Bundesminister wird. Denn in dieser Position ergeben sich ausreichend viele öffentliche Auftritte, die man halbwegs kontrollieren und deren Ablauf man bestimmen kann. Lauterbach hat als Gesundheitsminister im Jahr 2022 genau das getan, nachdem er 2021 noch 40 Auftritte allein in Talkshows absolviert hatte, und man konnte auch bei ihm erleben, wie das Amt die Kommunikation veränderte (siehe vorheriges Kapitel). Auf jeden Fall wurde er bei seinem ersten Auftritt bei Markus Lanz gerüffelt, in dessen Sendung er während der Pandemie fast zu einer Art Co-Moderator geworden war (O-Ton Lanz: „Ich hätte Lauterbach am liebsten jede Woche eingeladen."). Lanz hatte offenbar den Eindruck gewonnen, dass dieser Karl Lauterbach nicht mehr der war, als den er ihn bisher in seinen Sendungen erlebt hatte. Er sagte: „Seit zwei Jahren vertrauen die Leute Ihnen. Sie waren häufig hier in der Sendung, wir haben uns ausgetauscht, wir haben uns mal sehr, sehr kritisch und mal konstruktiver ausgetauscht. Und am Ende war immer das Ergebnis: Da ist einer, der das Handwerk versteht, der genau weiß, was zu tun ist. Und jetzt sagen Sie, obwohl Ihnen dieses große Vertrauen entgegengebracht wird: Ich verhalte mich neutral." Es ging um die Impfpflicht, deren Umsetzung Kanzler Scholz und sein Gesundheitsminister dem Bundestag überlassen wollten. Lauterbach sagte, und das klang tatsächlich anders als früher: „Jeder weiß, dass ich ein Befürworter der Impfpflicht bin. Aber die Frage ist ja, ob die Gesetzesvorlage aus dem Bundestag oder aus der Regierung kommt." Und wir fügen im Kopf hinzu: zu der ich jetzt gehöre und deshalb so reden muss.

Für den Oppositionsführer im Deutschen Bundestag, für den Mann, der gern der nächste Kanzlerkandidat der CDU/CSU und damit Herausforderer von Olaf Scholz werden möchte, gilt das nicht. Friedrich Merz kann und darf sich mehr erlauben, er ist rhetorisch dem Amtsinhaber und vielen anderen Abgeordneten überlegen, obwohl er nach seiner Rückkehr aus der selbstverordneten Politikpause etwas brauchte, um zur alten Stärke als Redner zurückzufinden. Kommt hinzu, dass er nach Einschätzung seiner Biografin Jutta Falke-Ischinger („Der Unbeugsame") unter einer mangelnden Impulskontrolle leidet: „Er hat ein großes Problem damit, seine Gefühle unter Kontrolle zu halten. Er haut zu oft Bemerkungen raus, bei denen man nicht weiß, was er damit bezweckt." Und für die er sich hinterher entschuldigen muss.

Das prominenteste Beispiel stammt aus einem Interview mit *Bild-TV*, in dem es um die Flüchtlinge ging, die aus der Ukraine nach Deutschland kamen: „Wir erleben mittlerweile einen Sozialtourismus dieser Flüchtlinge: nach Deutschland, zurück in die Ukraine, nach Deutschland, zurück in die Ukraine", hatte Merz gesagt. Der Begriff „Sozialtourismus", schon 2013 zum Unwort des Jahres gewählt, verfolgte ihn lange, obwohl er via Twitter versuchte, die Formulierung einzufangen. Er schrieb: „Zu meinen Äußerungen von gestern über die Flüchtlinge aus der Ukraine gibt es viel Kritik. Ich bedaure die Verwendung des Wortes ‚Sozialtourismus'. Das war eine unzutreffende Beschreibung eines in Einzelfällen zu beobachtenden Problems. Mein Hinweis galt ausschließlich der mangelnden Registrierung der Flüchtlinge. Mir lag und liegt es fern, die Flüchtlinge aus der Ukraine, die mit einem harten Schicksal konfrontiert sind, zu kritisieren. Wenn meine Wortwahl als verletzend empfunden wird, dann bitte ich dafür in aller Form um Entschuldigung."

Das war am 27. September 2022 und es ist davon ausgehen, dass Merz angesichts der medialen Häme und des viralen Shitstorms nach dem „Sozialtourismus"-Patzer seine Lektion gelernt hat. Dass ihm rund ein Vierteljahr später wieder ein Begriff „herausrutschte", der für heftige Diskussionen sorgte, fällt deshalb für mich nicht unter die „mangelnde Impulskontrolle", die seine Biografin Merz attestiert. Dieses Beispiel zeigt, wie man als Politiker bewusst in die Schlagzeilen kommt, wenn man eine an sich nicht besonders überraschende Argumentationskette mit zwei Worten garniert, von denen man ahnen kann, als Vorsitzender der CDU muss, dass sie automatisch Aufmerksamkeit erzeugen.

Um zu zeigen, welche Macht einzelne Begriffe in der Politik haben können, folgen an dieser Stelle zunächst die Aussagen von Friedrich

Merz in der Sendung *Markus Lanz* Anfang Januar 2023 ohne die entscheidenden Worte. Zum Verständnis: Bei Lanz wurde über die Übergriffe auf Einsatzkräfte von Feuerwehr, Rettungsdiensten und Polizei in der Silvesternacht diskutiert, an denen auch viele junge Menschen, meist Männer mit Migrationshintergrund, beteiligt waren. Merz sagte dazu:

„Wir sprechen hier über Leute, die eigentlich in Deutschland nichts zu suchen haben. Die wir hier seit längerer Zeit dulden, die wir nicht zurückschieben, die wir nicht abschieben und bei denen wir uns dann darüber wundern, dass es hier solche Exzesse gibt. Und das fängt ja nicht mit Berlin und Neukölln an. Sprechen Sie mal mit Lehrerinnen und Lehrern in den Grundschulen. Was die jeden Tag erleben, auch an verbaler Gewalt. Und dann wollen sie diese Kinder zur Ordnung rufen und die Folge ist, dass die Väter in den Schulen erscheinen und sich das verbitten. Insbesondere, wenn es sich um Lehrerinnen handelt, dass sie ihre Söhne da mal etwas zurechtweisen. Da fängt es an. Und wenn wir nicht in der Lage sind, diesen Lehrerinnen und Lehrern – ich nenne die Lehrerinnen zuerst, weil denen überhaupt kein Respekt entgegengebracht wird –, nicht in der Lage sind, denen zu helfen, dass sie sich gegen diese Phänomene zur Wehr setzen, dann sind es in der Schule die Achtjährigen und da draußen auf der Straße in wenigen Jahren die 15-Jährigen. Da liegt doch das Problem. Wir wehren uns zu spät gegen diese Phänomene, die wir hier auf der Straße gesehen haben. Und das sind eben überwiegend Jugendliche aus dem arabischen Raum, die nicht bereit sind, sich hier in Deutschland an die Regeln zu halten. Die Spaß daran haben, diesen Staat herauszufordern. Und da bin ich auch nicht bereit zu akzeptieren, zu sagen: ‚Ja, die haben eine schwere Kindheit und die haben es hier schwer in Deutschland, die werden hier nicht genug betreut und nicht genug umsorgt.‘ In diesem Land hat jeder eine Chance. Die sind selten so gut gewesen wie gegenwärtig. Und wer sich nicht daran hält, man muss es deutlich sagen, der hat in diesem Land nichts zu suchen."

Und, was sagen Sie? Ich sage: In dieser Form wären die Aussagen von Friedrich Merz wenige Stunden nach der Ausstrahlung der Sendung vergessen gewesen. Dass über sie wochenlang diskutiert wurde, bei Weitem nicht so einseitig wie in der „Sozialtourismus"-Debatte und nicht nur zum Schaden, sondern auch zum Nutzen von Merz, lag im Kern an zwei Worten in einem Statement, das 1:40 Minute lang ist. Hier ist das Original:

„Wir sprechen hier über Leute, die eigentlich in Deutschland nichts zu suchen haben. Die wir hier seit längerer Zeit dulden, die wir nicht zurückschieben, die wir nicht abschieben und bei denen wir uns dann darüber wundern, dass es hier solche Exzesse gibt. Und das fängt ja nicht mit Berlin und Neukölln an. Sprechen Sie mal mit Lehrerinnen und Lehrern in den Grundschulen. Was die jeden Tag erleben, auch an verbaler Gewalt. Und dann wollen sie diese Kinder zur Ordnung rufen und die Folge ist, dass die Väter in den Schulen erscheinen und sich das verbitten. Insbesondere, wenn es sich um Lehrerinnen handelt, dass sie ihre Söhne, die kleinen Paschas, da mal etwas zurechtweisen. Da fängt es an. Und wenn wir nicht in der Lage sind, diesen Lehrerinnen und Lehrern – ich nenne die Lehrerinnen zuerst, weil denen überhaupt kein Respekt entgegengebracht wird –, nicht in der Lage sind, denen zu helfen, dass sie sich gegen diese Phänomene zur Wehr setzen, dann sind es in der Schule die Achtjährigen und da draußen auf der Straße in wenigen Jahren die 15-Jährigen. Da liegt doch das Problem. Wir wehren uns zu spät gegen diese Phänomene, die wir hier auf der Straße gesehen haben. Und das sind eben überwiegend Jugendliche aus dem arabischen Raum, die nicht bereit sind, sich hier in Deutschland an die Regeln zu halten. Die Spaß daran haben, diesen Staat herauszufordern. Und da bin ich auch nicht bereit zu akzeptieren, zu sagen: ‚Ja, die haben eine schwere Kindheit und die haben es hier schwer in Deutschland, die werden hier nicht genug betreut und nicht genug umsorgt.' In diesem Land hat jeder eine Chance. Die sind selten so gut gewesen wie gegenwärtig. Und wer sich nicht daran hält, man muss es deutlich sagen, der hat in diesem Land nichts zu suchen."

Entdeckt? Natürlich: „Kleine Paschas" machen den Unterschied zwischen „Was hat er gesagt?" und „WAS HAT ER GESAGT?". Wer diese Mechanik kennt, wer weiß, was bestimmte Formulierungen in einer aufgeregten Gesellschaft, wie sie die deutsche nun wirklich ist, auslösen, kann versuchen, sie zu vermeiden, oder sie bewusst einsetzen. Ich glaube, dass Friedrich Merz sich in diesem Fall für die zweite Variante entschieden hat und dass sein Kalkül aufgegangen ist. Der Berliner CDU hat die Debatte über die „kleinen Paschas" im Wahlkampf auf jeden Fall genutzt, sie wurde einen Monat später bei der Landtagswahl in der Hauptstadt, in der die Silvesterkrawalle besonders heftig gewesen waren, mit großem Abstand stärkste Partei. Die Schützenhilfe des Parteichefs dürfte willkommen gewesen sein und sie hätte kaum gefruchtet, wenn Friedrich Merz das Problem, um das es ging, ohne die „kleinen Paschas" oder so beschrieben hätte, wie es Jens Spahn nach der Berlin-Wahl bei *Anne Will* tat. Dort verteidigte er die Äußerungen seines Parteivorsitzenden, der bekanntlich kein enger Parteifreund ist, mit folgenden Worten: „Ich finde, in diesem Gesamtkontext und Gesamtzitat kann man das auch genau so sagen. Weil, wenn man das richtig einordnet, sieht man ja: Es geht um eine in aller Regel kulturell vermittelte toxische Männlichkeit." Was eine Formulierung ist, bei der man wirklich keine Angst haben muss, dass sie sich verselbstständigt.

Bei dem, was Olaf Scholz sagt, ist diese Gefahr auch gering. Er wirke manchmal, hat Markus Lanz gesagt, als ob er „einen zweiten Hirnstrom habe, der den ersten kontrolliert und verhindert, dass er etwas Falsches von sich gibt". Was zumindest einmal nicht gelungen ist, als sich Scholz zu einer Äußerung hat hinreißen lassen, die gar nicht zu ihm passt und die ihn bis heute verfolgt. Vor dem G20-Treffen der Staats- und Regierungschefs im Juli 2017 in Hamburg, damals noch mit Donald Trump als US-Präsident und Wladimir Putin als gern gesehenem Gast, sagte Scholz in seiner Funktion als Hamburger Bürgermeister: „Wir richten ja auch jährlich den Hafengeburtstag aus. Es wird Leute geben, die sich am 9. Juli wundern werden, dass der Gipfel schon vorbei ist."

Die Sätze werden den Bundeskanzler voraussichtlich sein Leben lang verfolgen, genauso wie der desaströse G20-Gipfel, auf dem Randalierer erst in den noblen Elbvororten Angst und Schrecken verbreiteten und dann im alternativen Schanzenviertel für bürgerkriegsähnliche Zustände sorgten. In diesen Stunden im Juli 2017 stand die politische Karriere von Olaf Scholz vor dem Aus, er hat später zu Protokoll gegeben, dass er als Bürgermeister zurückgetreten wäre, wenn es Tote gegeben hätte. Die sind der Stadt zum Glück erspart geblieben, das Unverständnis und die Häme über einen Politiker, der mit dem Hafengeburtstag-Vergleich so danebengelegen hatte, blieben. Kommt hinzu, dass Olaf Scholz mit dem oben genannten Zitat gar nicht den G20-Gipfel als Ganzes und das mit ihm verbundene Gewaltpotenzial gemeint hatte, sondern allein die Auswirkungen auf den Straßenverkehr …

Dass seine Formulierung am Ende so verstanden wurde, wie er sie überhaupt nicht gemeint hatte, dürfte für Olaf Scholz der endgültige Beweis gewesen sein, dass er zuvor alles richtig gemacht hatte. Soll heißen: dass es besser ist, ein Scholzomat zu sein, als ein Trottel.

Die Sehnsucht nach dem einen Satz, den sich alle merken

Von „Yes we can" über „Die Rente ist sicher" bis zu „You'll never walk alone"

Als Barack Obama 2006 als Präsidentschaftskandidat der Demokraten zu einem Besuch nach Berlin kam, wohnte ich wie er im Hotel Adlon. Die Redaktion der *Berliner Morgenpost*, für die ich damals arbeitete, hatte ein Zimmer reserviert, um immer einen Reporter in der Nähe Obamas zu haben. Tatsächlich trafen wir uns zufällig kurz nach seiner Ankunft auf einem der langen Flure des Hotels. Ich war durch die Gänge gestromert, als er plötzlich um die Ecke kam, mit schlackernden Armen auf mich zuging, die Videokamera in meiner Hand sah, nett hineinwinkte und „Good to see you" sagte. Das war mein persönlicher Barack-Obama-Moment und mir ging es wie der Viertelmillion Menschen, die der Rede des Kandidaten vor der Siegessäule zuhörten und ihm zujubelten. Wir waren hin und weg von diesem Typ Politiker, wir träumten, so einen auch in Deutschland zu haben (wir hatten kurz zuvor als Kanzlerin Angela Merkel bekommen), und wir riefen im Chor: „Yes we can!"

Barack Obama war das gelungen, woran Legionen von Politikberatern immer wieder auf Neue arbeiten und wonach sich Politiker sehnen. Er hatte ihn, diesen Satz, den alle kannten, den alle verstanden, unter dem sich jeder etwas vorstellen konnte. Drei Worte, die eine Geschichte erzählten und ein Versprechen abgaben und die am Ende einen großen Anteil daran hatten, dass zum ersten Mal ein Afroamerikaner Präsident der Vereinigten Staaten von Amerika wurde. Dass man dieses „Yes we can" im Deutschen mit „Wir schaffen das“ übersetzen könnte, belegt einmal mehr, dass zwei das Gleiche tun beziehungsweise sagen können, es aber nicht dasselbe sein muss. Für Barack Obama war „Yes we can“ die Formel für das Weiße Haus, für seine „gute Freundin“ Angela Merkel war „Wir schaffen das“ eine gut gemeinte Botschaft, die sich ins Gegenteil verkehrte. Der Satz, der in der Flüchtlingskrise 2015 geboren wurde und mit dem die Kanzlerin zum Ausdruck bringen wollte, dass Deutschland mit dem Ansturm aus anderen Ländern zurechtkommen würde, ragt heute negativ aus den 16 Jahren hervor, die Merkel im Kanzleramt war, wahrscheinlich ist er der Satz ihrer Regierungszeit.

So groß die Angst vor einer Äußerung ist, die sich verselbstständigt, so wichtig ist es für Politiker, Botschaften zu finden, die sofort zünden, die die Menschen nicht nur inhaltlich, sondern auch emotional berühren. Das eine zu vermeiden und das andere zu entwickeln, ist nicht einfach, wer kann schon einerseits kühl kalkulierend und andererseits rhetorisch brillant sein. Die meisten Politiker haben ihre Stärke auf einer der beiden Seiten, bei Barack Obama war es die zweite, bei Angela Merkel die erste. Wobei: Auch ihr ist im letzten Teil ihrer Amtszeit eine Formulierung gelungen, mit der sie die Bürger genau dort traf, wo sie sie treffen wollte. Es war zu Beginn der Corona-Pandemie, als niemand abschätzen konnte, was da auf das Land zukommt, weil niemand zuvor so etwas wie dieses Virus erlebt hatte. In solchen Extremsituationen ist es noch wichtiger als sonst, dass Politiker, gerade die Bundeskanzlerin, den richtigen Ton finden und eine Formulierung, die keiner so schnell vergisst. Merkel gelang das mit „Es ist ernst. Nehmen Sie es auch ernst“.

Wer Politik verstehen will, muss sich mit solchen Sätzen und Botschaften beschäftigen, weil sie die Sprache eines Politikers prägen. Wer einmal eine Formulierung gefunden hat, die funktioniert, wie das „Yes we can“ von Barack Obama, wird sie so oft verwenden und wiederholen, wie es nur geht, so lange, bis sie auch der Letzte kennt. Ein Satz, der zugleich eine Erzählung ist, ist der größte anzunehmende Glücksfall in der politischen Kommunikation, in der es im Kern darum geht, möglichst viele Menschen mit der gleichen Aussage zu erreichen. Daran arbeiten Redenschreiber genauso wie Pressesprecher und Berater und je größer der Auftritt wird, je länger das ist, was der jeweilige Politiker sagt, desto wichtiger wird die Frage, was der Satz ist, der hängenbleiben soll oder kann. Darum geht es, sowohl bei Grundsatzreden als auch bei Regierungserklärungen: Die Zuhörer müssen eine zentrale Aussage, wenigstens ein Wort in Erinnerung behalten, auch wenn sie alles andere vergessen. Im Idealfall trägt diese Botschaft über Jahre, prägt den Politiker und bleibt selbst dann mit ihm verbunden, wenn er nicht mehr in einem Amt oder der Partei tätig ist.

Beispiele gefällig? Wir machen gemeinsam den Test: Ich nenne Ihnen einen Politikernamen und Sie sagen, welches Zitat, welcher Satz Ihnen dazu einfällt. Los geht's: Woran denken Sie bei …

John F. Kennedy?
Natürlich: „Ich bin ein Berliner." Der Satz, den der amerikanische Präsident am 26. Juni 1963 in West-Berlin gesagt hat, hat ihn zumindest in Deutschland unsterblich gemacht. Er sollte zum Ausdruck bringen, dass die USA die geteilte Stadt niemals im Stich lassen würde.

Helmut Schmidt?
Der ehemalige Bundeskanzler hat viele schlaue Sätze gesagt, wahrscheinlich haben Sie an diesen gedacht: „Wer Visionen hat, sollte zum Arzt gehen." Das war seine Antwort auf die Frage eines Reporters, was denn seine großen Visionen seien. Es sei eine pampige Reaktion auf ein dusseliges Ansinnen gewesen, hat Schmidt später dazu bemerkt. Aber sie prägte das Bild von ihm als einem pragmatischen, anpackenden Politiker.

Helmut Kohl?
Das Zitat mit den „blühenden Landschaften" zu denen sich Mecklenburg-Vorpommern, Sachsen, Sachsen-Anhalt, Thüringen und Brandenburg nach der Wiedervereinigung verwandeln würden, ist an anderer Stelle erwähnt worden und es kann sein, dass Ihnen das bei Helmut Kohl auch sofort eingefallen ist. Unter anderem, weil er mit seiner Einschätzung lange danebenlag. Ich dachte spontan an einen anderen Satz, weil er die Politik des so oft unterschätzten Bundeskanzlers sehr treffend zusammenfasst: „Entscheidend ist, was hinten rauskommt."

Norbert Blüm?
Zu einfach: „Die Rente ist sicher" war für den CDU-Politiker, der von 1982 bis 1998 Bundesminister für Arbeit und Soziales war, sein „Yes we can". Blüm gehörte zu den beliebtesten Politikern in der Regierung von Helmut Kohl, „kaum ein Satz brannte sich in die Köpfe der Deutschen ein wie dieser", heißt es in der Dokumentation des Bundestages.

Klaus Wowereit?
Etwas schwieriger, aber legendär: „Und das ist auch gut so." So endete der wichtigste Satz im Leben des ehemaligen Regierenden Bürgermeisters von Berlin, der in den vergangenen 20 Jahren mehrfach von anderen Politikern in unterschiedlichen Zusammenhängen verwendet wurde. Wowereit hatte am 10. Juni 2001 sein Coming-out, komplett lautete das Zitat, das um die Welt ging: „Ich bin schwul und das ist auch gut so."

Jens Spahn?
Richtig, beim ehemaligen Gesundheitsminister geht es um Corona: „Wir werden einander viel verzeihen müssen", sagte der CDU-Politiker mitten im Lockdown und gab damit indirekt auch zu, dass sich Maßnahmen der Bundesregierung am Ende der Pandemie als falsch herausstellen würden. 2022 hat Spahn ein Buch geschrieben, das genau so heißt. In „Wir werden einander viel verzeihen müssen" erzählt er auf 304 Seiten, wie die Politik versuchte, einer Krise Herr zu werden, für die es kein Beispiel gab – und die ihm seinen persönlichen Claim bescherte.

Alexander Gauland?
Es ist eklig, aber dieses Beispiel zeigt, dass auch Politiker, die von einer Alternative für Deutschland träumen, die Prinzipien der politischen Kommunikation zu nutzen wissen. Der Satz, der den meisten Menschen zum ehemaligen AfD-Spitzenmann einfallen wird, ist einer, für den sich nahezu alle Politiker in diesem Land schämen würden. Dass Gauland ihn nicht mehr los wird, ist das Mindeste, was einem Politiker passieren kann, der so etwas ausspricht. Und, noch schlimmer: Es wird ihn nicht stören. Ach ja, der Satz lautet: „Hitler und die Nazis sind nur ein Vogelschiss in über tausend Jahren erfolgreicher deutscher Geschichte."

Donald Trump?
Na klar: „Make Amerika great again" passte zu dem US-Präsidentschaftskandidaten genauso wie zu der Lage im Land, als Trump gegen alle Erwartungen die Wahl gegen Hillary Clinton mit einer Kampagne gewann, die inhaltlich das komplette Gegenteil von der seines Vorgängers Barack Obama war, aber nach denselben Mechanismen funktionierte.

Olaf Scholz hat seinen Satz noch nicht gefunden, es ist in seiner Zeit als Vizekanzler und Bundesfinanzminister und als Kanzler bisher bei einzelnen Worten geblieben. In der Corona-Krise holte er die „Bazooka" raus, um ein Hilfspaket in Höhe von 170 Milliarden Euro anzukündigen, es folgten „Wumms" und „Doppel-Wumms". Die Begriffe kleben, seitdem er sie ausgesprochen hat, an dem Kanzler, nähren aber auch das (Vor-)Urteil, dass Scholz Schwierigkeiten hat, richtige Sätze zu finden, um den Bürgern seine Politik zu erklären. Im Bundestagswahlkampf 2021 hatte die SPD ihren Kandidaten mit dem Slogan „Scholz packt das an" beworben, was aber weniger mit dessen anpackender Art, sondern eher damit zu tun hatte, dass „**S**cholz **p**ackt **d**as an" so etwas wie die Übersetzung von SPD sein sollte. Werber Raphael Brinkert, der für die Kampagne verantwortlich war, skizzierte schon damals, in welche Richtung die Suche nach einem Claim für den künftigen Bundeskanzler gehen könnte: „Olaf Scholz steht für eine Politik, die niemanden zurücklässt – und darauf wird es in den Zwanzigerjahren ankommen. Wir haben nicht die Zeit der Stammtischredner oder der Lautsprecher, sondern die Zeit der fleißigen Arbeiter, die mit großer Akribie Probleme lösen."

Aber was heißt das für die Botschaft auch in eigener Sache, die Scholz so dringend braucht? „Reden können andere"? „Ich sage nicht viel. Aber das, was ich sage, mache ich auch"? Der Kanzler versuchte es mit einem anderen Satz, den er immer wieder und offenbar in der Hoffnung wiederholte, er würde mit ihm zusammenwachsen. Dass das misslang, lag daran, dass „You'll never walk alone" allein deshalb nicht zu Olaf Scholz passte, weil er von vielen mit dem gleichnamigen Song verbunden wird, der gern in Fußballstadien gespielt wird. Scholz interessiert sich aber so gut wie nicht für Fußball, und auch wenn es aus dem Kanzleramt heißt, dass er sich die Formulierung selbst ausgesucht habe, liegt die Vermutung nahe, dass ihn jemand anders darauf gebracht hat – Kanzleramtsminister Wolfgang Schmidt, Scholz‘ engster Vertrauter, ist Fan des Hamburger Fußballclubs FC St. Pauli. Und was läuft vor dessen Spielen in der Zweiten Bundesliga? Richtig: „You'll never walk alone."

Während der Kanzler also weiter und auf verschiedenen Ebenen um die richtigen Worte ringt, gibt es in Deutschland eine Kategorie von Politikern (bisher waren es nur Männer), die damit überhaupt keine Probleme hat. Den meisten Bundespräsidenten ist in ihrer Amtszeit mindestens eine Formulierung gelungen, die Deutschland geprägt und die sie überdauert hat. Das gilt selbst für den unglücklichen Christian Wulff, der das abrupte Ende seiner Präsidentschaft einer Kombination aus einer Sprachnachricht an den Chefredakteur der *Bild-Zeitung*, Hoteleinladungen und einem Bobbycar zu verdanken hat. Auf der Feier der deutschen Einheit am 3. Oktober 2010 in der Bremer Stadthalle sagte er einen Satz, der bis heute nachhallt, viel zitiert und nicht widerlegt worden ist: „Der Islam gehört inzwischen auch zu Deutschland" steht in einer Reihe mit Roman Herzogs „Durch Deutschland muss ein Ruck gehen", „Es gibt keine Stunde null" von Richard von Weizsäcker oder Joachim Gaucks Bemerkungen zur Flüchtlingskrise 2015, siehe unten.

Wer Politikern vorwirft, berechnend, kühl, langweilig und nichtssagend zu sprechen, hat oft, zu oft Recht. Bei den Bundespräsidenten ist das anders. Dass deren rhetorische Fähigkeiten immer stark ausgeprägt waren, hängt auch mit der Rolle als Staatsoberhaupt zusammen. Es hat mit dem operativen politischen Tagesgeschäft nichts zu tun, ist mehr Beobachter als Entscheider und weitgehend unabhängig von politischen Stimmungsschwankungen und Wahlergebnissen. Die Kraft des Bundespräsidenten liegt nicht in dem, was er tun kann, sondern in dem, was er sagt. Reden und Wortmeldungen sind die wesentlichen Instrumente, die er hat, um Einfluss zu nehmen, und deshalb ist jeder Mensch, der ins Schloss Bellevue, den Amtssitz des Präsidenten, einzieht, gut beraten, sich genau darauf zu konzentrieren.

Heraus kommen dabei Gedanken und Formulierungen, die all das erfüllen, was man sich von politischer Kommunikation wünscht, die viele Menschen erreicht und nicht nur die des eigenen politischen Lagers, die verständlich und empathisch ist. Wer weiß, wie sich die Diskussionen um die Flüchtlingskrise 2015, und damit die AfD, entwickelt hätten, wenn die Bundeskanzlerin nicht „Wir schaffen das" gesagt, sondern so zu den Deutschen gesprochen hätte, wie das der damalige Bundespräsident Joachim Gauck im September 2015 getan hat, bei der Eröffnung der 40. Interkulturellen Woche. Der entscheidende Ausschnitt:

„Lassen Sie mich zunächst sagen: Mit wem ich in diesen Tagen auch spreche, ob mit Bürgern oder Amtsträgern, ob ich Flüchtlingsunterkünfte besuche oder politische Versammlungen, überall sind die Menschen, genauso wie ich, tief beeindruckt von der Hilfsbereitschaft und dem Engagement der vielen Tausend freiwilligen und hauptamtlichen Helferinnen und Helfer, auch der Kommunen und der Länder. Oft sind mehr Menschen da, die helfen wollen, als tatsächlich eingesetzt werden können. Angesichts dieser Herausforderung ist so etwas durchaus neu. Es hat sich etwas verändert in unserer Gesellschaft und darüber dürfen wir uns ruhig einmal freuen. Aber zugleich treibt viele die Sorge um: Wie kann Deutschland in der Zukunft offen bleiben für Flüchtlinge, wenn zu den vielen, die schon da sind, viele weitere hinzukommen? Wird der Zuzug uns irgendwann überfordern, so fragen sie. Werden die Kräfte unseres wohlhabenden und stabilen Landes irgendwann über das Maß hinaus beansprucht? Mir geht der Satz eines Vertreters der nordrhein-westfälischen Kommunen nicht aus dem Kopf. Ich zitiere ihn: ‚Die Profis und Ehrenamtler können nicht mehr. Wir stehen mit dem Rücken zur Wand.' Und er fügte dann hinzu, 2016 sei für die Gemeinden ein vergleichbar hoher Zustrom wie in diesem Jahr nicht mehr zu verkraften. Wohl gemerkt, das sagt einer, der hilft, der aktiv ist, und nicht einer, der nur zuschaut und meckert. Inzwischen trauen wir uns, und wenn nicht, dann sollten wir uns trauen, das fundamentale Dilemma dieser Tage offen auszusprechen: Wir wollen helfen. Unser Herz ist weit. Doch unsere Möglichkeiten, sie sind endlich."

Es geht also und eigentlich wären Gaucks Worte ein schöner, weil versöhnlicher Schluss für dieses Kapitel. Aber ein Zitat darf nicht fehlen, weniger, weil es ein Satz für die Ewigkeit ist, sondern eher, weil man daran sieht, dass sich natürlich auch der Bundespräsident mit Sätzen beschäftigt, die sich im politischen Tagesgeschäft so oder so verselbstständigen. Ich zitiere Johannes Rau, der sowohl Ministerpräsident in Nordrhein-Westfalen als auch Staatsoberhaupt war: „Traue keinem Zitat, dass du nicht eigenhändig aus dem Zusammenhang gerissen hast."

Wenn alle reden und keiner zuhört

Über die Gesprächskultur in einem Land, das immer hysterischer wird, obwohl der Kanzler genau das nicht will

Manchmal reicht ein kleiner Tweet, um eine große Geschichte zu erzählen. Der Tweet, also die Nachricht, die auf der Plattform Twitter verschickt wurde, stammt von der grünen Bundestagsabgeordneten Renate Künast. Sie schrieb am Morgen des 18. November 2022: „Sitze mit Mantel und 3. Tasse heißes Wasser – auch zum Hände wärmen – im Büro. Ich zweifle, das (sic!) das 19 Grad sind. Nächste Woche komme ich mit Decke, Wärmflasche und Hut." Aus Angst vor einer Gasmangellage infolge des Ukraine-Krieges hatte die Ampel-Regierung die Deutschen zu Beginn des Winters aufgefordert, die Heizungen runterzudrehen und so wenig Energie wie möglich zu verbrauchen. In öffentlichen Gebäuden sollten die Temperaturen auf 19 Grad abgesenkt werden, auch wenn sich das für Renate Künast an diesem Tag kälter anfühlte.

Daraus wurde ein Tweet, der auf den ersten Blick weniger hochpolitisch als ziemlich menschlich wirkte und wahrscheinlich nicht superernst gemeint war. Was viele der Menschen, die die Worte der grünen Politikerin lasen, nicht interessierte. Innerhalb kürzester Zeit hatten Tausende eine Antwort auf Künasts Twitter-Account hinterlassen: „Schlimm, wenn man das Ergebnis seines eigenen ideologischen Misthaufens riechen muss", schrieb einer, ein anderer: „Wen juckt das? Und wenn du im BH und Höschen im Eiswasser schwimmen gehst." Und weiter: „Ihre Wählerschaft schimmelt bei diesen Temperaturen solidarisch auf der

Couch." / „Wenn man unter den kruden Ideen der eigenen Partei leiden muss." / „Ich scheiß auf deine 19 Grad, meine Enkelkinder wollen es warm haben." / „Nächste Woche dann noch den ganzen Tag eine FFP2-Maske tragen, dann weiß man erst mal, was man den Schülern über viele Monate angetan hat." / „Ich lache dezent und kann mir das Mitleid gerade so verkneifen ... Wir an den Schulen machen das nun den dritten Winter. Und wen interessiert's? Die Politik schon mal nicht."

Wer sich Gedanken über die Sprache in der Politik macht, kommt nicht umhin, sich mit der Gesprächskultur in unserem Land zu beschäftigen, die sich durch die Krisen der vergangenen Jahre aufgeheizt hat, vom Flüchtlingszustrom 2015 über die Corona-Pandemie bis hin zum Krieg in der Ukraine. Wir hatten in Deutschland immer schon einen Hang zu Hysterie und Übertreibung, es gibt bei uns viel zu oft nur heiß oder kalt, weiß oder schwarz, nichts dazwischen. Das gilt besonders für die gesellschaftliche Kommunikation in Zeiten sozialer Medien, die vielleicht wirklich irgendwann in einer Situation mündet, vor der der amerikanische Digitalexperte Jeff Jarvis länger warnt. Nämlich, dass alle reden (beziehungsweise posten) und niemand mehr zuhört.

Jeder kann zu jedem Zeitpunkt zu allem eine Meinung haben und sie verbreiten, was zweifelsohne eine zivilisatorische Errungenschaft ist und etwas, worum uns viele Länder auf dieser Welt beneiden. Aber wenn aus freier Meinungsäußerung eine schrille Kakofonie wird, wenn es nur noch darum geht, wer lauter und zugespitzter formuliert, wenn wir vor allem über-, aber nicht miteinander sprechen, wenn es nicht mehr um Fakten, sondern um Bewertungen geht, dann kippt das System. Was für die, die sich an den politischen Rändern bewegen und die gern laut und viel pöbeln, sogar das Ziel sein mag. Für alle anderen ist es eine Bedrohung.

Bundeskanzler Olaf Scholz hat an seine engsten Mitarbeiter die Devise ausgegeben, niemals hysterisch und niemals beleidigt zu sein, in seinem Umfeld nennt man das das Erste Scholz'sche Gesetz. Er selbst hat sich, solange ich ihn kenne, nie persönlich über eine Berichterstattung beklagt, öffentlich ausfallend habe ich ihn nicht erlebt. Was diesen Teil seiner Kommunikation angeht, kann der Kanzler ein Vorbild sein, auch, weil es ihm auf eindrucksvolle Weise gelingt, die Kritik, die unablässig auf ihn einprasselt, an sich abperlen zu lassen. Vielleicht liest er nicht alles, was über ihn geschrieben wird …

Um in der zunehmend aufgeheizten Stimmung in Deutschland als Politiker die Nerven zu behalten, muss man vielleicht das Stigma eines Olaf Scholz haben, der von sich selbst sagt, dass er durch nichts aus der Ruhe zu bringen ist. Das kann man nicht von jedem Politiker verlangen, die Vorstellung, dass alle so wären wie Scholz, wäre sowieso beängstigend. Aber es wäre wichtig, dass sie (und gleich danach die Medien) mit gutem Beispiel vorangehen und die politische Kommunikation um zwei störende Komponenten erleichtern: um den Hang zur Hysterie und die Tendenz zur Besserwisserei.

„German Angst" ist ein feststehender Begriff, sie drückte sich im Hamstern von Klopapier zu Beginn der Corona-Pandemie genauso aus wie im Kauf von 600.000 Heizstrahlern im Vorfeld des ersten Winters nach Ausbruch des Ukraine-Krieges. Ganz normale Menschen, zum Beispiel meine Eltern und Schwiegereltern, deckten sich im Herbst 2022 mit den Heizgeräten ein, um gewappnet zu sein, falls es im Winter plötzlich kein Gas mehr für die eigenen Heizungen geben sollte. Ein Szenario, das, wie wir heute wissen, nicht eingetreten ist. Die Gasspeicher in Deutschland waren Anfang Februar zu fast 80 Prozent gefüllt, die Vorgabe der Regierung war halb so hoch gewesen. Und viele Bürger fragten sich hinterher, wovor sie eigentlich genau Angst gehabt hatten.

Man kann die Frage auch anders stellen: War es nötig, dass bestimmte Politiker mit unbedachten Äußerungen, die deutlich über ein „Es ist ernst. Nehmen Sie es auch ernst" hinausgingen, Angst geschürt haben? Außenministerin Annalena Baerbock etwa hatte im Sommer 2022 bei einer Veranstaltung in Hannover über die Probleme gesprochen, die Deutschland damals hatte, weil eine Turbine aus Kanada nicht geliefert wurde, die angeblich dringend für den Betrieb der Gaspipeline Nord Stream 1 gebraucht wurde. Wörtlich sagte die grüne Politikerin: „Die Kanadier haben gesagt: Bei uns in der Öffentlichkeit gibt es viele Fragen, dann haben wir gesagt, das können wir verstehen, aber wenn wir diese Gasturbine nicht bekommen, dann bekommen wir kein Gas mehr, dann können wir als Deutschland überhaupt gar keine Unterstützung mehr für die Ukraine leisten, weil wir dann mit Volksaufständen beschäftigt sind." Kurz darauf erklärte Baerbock, dass sie das „bewusst zugespitzt" formuliert hätte, aber da war es zu spät. Die Nachricht mit Überschriften wie „Folgen von Gas-Stopp: Baerbock befürchtet Volksaufstände" war im Umlauf und der ängstliche deutsche Bürger sah sich schon, wie er sein eigenes Haus vor Plünderern verteidigt. Schließlich hatte von den Volksaufständen nicht irgendwer gesprochen, sondern die deutsche Außenministerin ...

Nun, die Aufstände sind genauso ausgeblieben wie die von vielen befürchtete Gasmangellage. Deutsche Industrieunternehmen mussten nicht große Teile ihrer Produktion einstellen, und zwar ein für alle Mal, wie das einige Politiker vorausgesagt hatten, und die Wirtschaft ist auch nicht „noch schlimmer eingebrochen als während der Pandemie". Lang und breit diskutiert worden war das alles, mit einer Lust am Untergang, von der sich Teile von denen da oben ebenso wenig frei machen können wie die da unten. Wenn Spitzenpolitiker wie Wirtschaftsminister Robert Habeck oder Baden-Württembergs Ministerpräsident Winfried Kretschmann Tipps zum Energiesparen geben und das Ganze sich bis an die Aussage bewegt, dass der Waschlappen doch eine gute Alternative zum Duschen sei, wird es lächerlich bis kontraproduktiv.

Politische Kommunikation muss in Krisen- und gerade in Kriegszeiten ernsthaft und hoffnungsvoll sein und sollte den Bürgern im besten Fall den Eindruck vermitteln, dass die Regierenden wissen, was sie tun. Insofern fand ich, dass Olaf Scholz mit seinem „Nö" die einzig richtige Antwort auf die Frage eines Fernsehreporters gegeben hat, ob er wie sein Vizekanzler Habeck auch Energiespartipps habe. Viele haben sich darüber aufgeregt, weil das, siehe oben, sowieso die bevorzugte Reaktion in deutschen Debatten ist, manche bezeichneten das Verhalten des Kanzlers in diesem Punkt als, mal wieder, arrogant. Was aber immer noch besser ist, als für unglaubwürdig gehalten zu werden, weil man Menschen vor Dingen gewarnt hat, die nicht mal ansatzweise eingetreten sind.

Jetzt höre ich mich selbst schon an wie die, vor denen ich an dieser Stelle eigentlich warnen wollte. Politische Kommunikation stößt nämlich auch an Grenzen, wenn zu viel darüber gesprochen wird, wie etwas sein sollte und nicht, wie es ist. Ein einfaches Beispiel haben wir 2022 bei der Fußballweltmeisterschaft in Katar erlebt, bei der der politische

Druck auf die deutsche Nationalmannschaft so groß wurde, dass sie sich schließlich genötigt sah, etwas zu unternehmen. Heraus kam, dass elf erwachsene Männer sich vor dem ersten Spiel zunächst die Hände vor den Mund hielten, um dann gegen Japan zu verlieren und damit den Grundstein für das vorzeitige Aus in der Vorrunde zu legen. Dass der moralische Anspruch an sich selbst groß ist, ist in Ordnung, ihn automatisch auf andere übertragen zu wollen, kann überheblich und peinlich werden. Das gilt für eine deutsche Innenministerin, die sich mit einer umstrittenen One-Love-Armbinde auf die Zuschauertribüne bei einem WM-Spiel ihrer Mannschaft setzt (anstatt konsequent zu Hause zu bleiben, wenn schon, denn schon), und es gilt für Politiker, die sich die Welt in ihrer Sprache so machen wollen, wie sie ihnen gefällt. Wohin das führen kann, haben wir bei der Debatte über das Gendern erlebt, in deren Verlauf man irgendwann gar nicht mehr anders konnte, als sich zu fragen, ob wir nicht wirklich wichtigere Probleme haben.

Politiker haben die auf jeden Fall in einer Gesellschaft, in der es nicht nur darum geht, was man sagt, sondern immer stärker auch, wie. Es fängt mit der Frage an, ob man von Bürgerinnen und Bürgern oder lieber von BürgerInnen oder vielleicht doch besser von Bürger*innen spricht, die Wählenden ginge auch, klingt aber komisch. Jedes für sich kann ein Statement sein, mit dem man einen Teil der Bevölkerung verschreckt (meist den größeren) und einen anderen Teil erfreut. So viel kann man objektiv sagen: Konsequentes Gendern führt dazu, dass Ansprachen von Politikern noch länger und sperriger werden, als sie es viel zu oft schon sind. Etwa, wenn die Fraktionsvorsitzende einer Partei in der Hamburgischen Bürger*innenschaft künftig davon berichtet, dass sie dem Antrag des Bürger*innenmeisters widersprochen habe, zur nächsten Sitzung zum Thema XYZ bestimmte Expert*innen oder Gäst*innen einzuladen …

Die Sprache der Politik wird auch durch einen anderen Umstand komplizierter. Wer nicht ganz genau aufpasst, läuft schnell Gefahr, falsche Begriffe oder solche zu verwenden, die nicht politisch korrekt sind. Wobei sich Letztere längst nicht mehr so leicht eingrenzen lassen wie früher, als es vor allem darum ging, bestimmte Menschengruppen nicht zu diskriminieren oder Worte zu verwenden, die in der Zeit des

Nationalsozialismus ge- beziehungsweise missbraucht wurden. Heute kann ein Politiker schon in Schwierigkeiten kommen, wenn er erzählt, dass er gern die Bücher von Karl May lese, Stichwort: Winnetou …

Wenn wir, die Bürger, uns über die Sprache der Politik beschweren, müssen wir diese Umstände immer mitdenken. Die Politiker selbst müssen sich fragen, was sie tun, um sich weder von dem Sog der schnellen Antworten (und Beschimpfungen) mitreißen oder unterkriegen zu lassen, noch so zu sprechen, dass sich zwar niemand beschweren kann, aber auch keiner zuhören wird. Robert Habeck, seit Dezember 2021 Vizekanzler und Bundeswirtschaftsminister, davor zusammen mit Annalena Baerbock Parteichef der Grünen, hat für sich schon vor Jahren eine Lösung gefunden. Er verabschiedete sich von Facebook und Twitter und damit von rund 100.000 Followern. In einem Gespräch mit dem Hamburger Digitalexperten Philipp Westermeyer erklärte er, warum: „Ich habe mir immer schon überlegt: Was willst du in der Politik, was ist deine Rolle und wie willst du eigentlich, dass kommuniziert wird?", sagte Habeck. „Mein Ansatz ist (…), die Leute zusammenzuführen, die Dinge etwas komplexer zu erklären und dadurch eine neue Lösung auf einem höheren Niveau zu finden. Bei Facebook und bei Twitter geht das eher schlecht. Das kann man zwar immer behaupten, dass das Diskussionsforen sind, sind sie aber eigentlich gar nicht." 2019 entschied er sich für den Ausstieg, nachdem er Opfer eines Datenklaus geworden war und selbst einen „dämlichen Fehler" gemacht hatte. Habeck hatte in einem Wahlkampfspot auf Twitter gesagt: „Wir versuchen alles zu machen, damit Thüringen offenes, freies, liberales, demokratisches Land wird." Was ihm viel Spott und Häme einbrachte, schließlich war Thüringen längst ein demokratisches Bundesland …

Habeck ärgerte sich über seinen Fauxpas, zog die Konsequenz und postete fortan nichts mehr auf Facebook und Twitter. „Das ist eine der Entscheidungen, auf die ich stolz bin, dass ich sie getroffen habe", sagt er, und dass ihn fast alle gewarnt hätten, dass er damit zwei wichtige Kommunikationskanäle verliere. „Kaum jemand hat gesagt, dass das eine coole Entscheidung ist, ich habe sie trotzdem getroffen." Twitter sei ein sehr hartes Medium, in dem spaltend und polarisierend geredet werde, etwas, was auf ihn abgefärbt habe. Soll heißen: Robert Habeck hat sich von der Plattform auch zurückgezogen, weil er befürchtete, durch die Auseinandersetzungen dort lauter, polemischer und aggressiver zu werden. Und damit, aber das hat er nicht gesagt, verwechselbar, wie so viele andere. Und nicht mehr wie Robert Habeck.

Es ist schrecklich kompliziert und wird immer komplizierter

Was die Sprache der Politiker damit zu tun hat, dass sie viele Sachverhalte gar nicht durchdringen (können)

Es gibt ein Video, das den damaligen Bundesinnenminister Horst Seehofer von der CSU beim „Zweiten Berliner Kongress für wehrhafte Demokratie" zeigt. Seehofer grinst, wie nur er grinsen kann, als er an einem Beispiel erklärt, wie man am besten Gesetze durch den Deutschen Bundestag bringt: „Das Gesetz nennt man Datenaustauschgesetz. Ganz stillschweigend eingebracht. Wahrscheinlich deshalb stillschweigend, weil es kompliziert ist, das erregt nicht so. Ich hab jetzt die Erfahrung gemacht in den letzten 15 Monaten: Man muss Gesetze kompliziert machen. Dann fällt das nicht so auf. Wir machen nichts Illegales, wir machen Notwendiges. Aber auch Notwendiges wird ja oft unzulässig infrage gestellt."

Man hört eine „leichte Ironie" heraus, die typisch für Seehofer ist, aber der Kern der Aussage ist eindeutig. Der Bundesinnenminister gibt zu, dass es helfen kann, Gesetzestexte so zu formulieren, dass sie möglichst wenige Abgeordnete des Deutschen Bundestages verstehen und es entsprechend schwer haben, sich darüber eine Meinung zu bilden. Womit wir bei einem Problem sind, das für die Sprache von Politikern zentral ist. Viele Dinge, mit denen sie sich beschäftigen wollen oder müssen, sind so kompliziert oder kompliziert formuliert, dass es sehr, sehr lange dauert, sie zu durchdringen. Oft gelingt es gar nicht. Das soll kein Vorwurf sein, das ist eine Tatsache: Wenn Politiker zu bestimmten Sachfragen eher wolkig sprechen, in Floskeln, statt konkret zu werden, dann liegt das auch daran, dass die Welt so kompliziert geworden ist und dass wir alle mit viel mehr Ungewissheiten und Unsicherheiten leben müssen als bisher. Regierungssprecher Steffen Hebestreit hat auf die Frage im Fachmagazin *Journalist*, ob es sein Job sei, sich schützend vor den Kanzler zu stellen, geantwortet: „Nein, mein Job ist es, in Gesprächen, Interviews und Pressekonferenzen die Politik und die Komplexität zu erläutern."

Die Zeiten, in denen man mehr oder weniger linear aus der Vergangenheit schließen konnte, wie es mit Staat und Wirtschaft, Gesellschaft und Umwelt weitergeht, sind vorbei. „Eine solche Dichte an Krisen und Katastrophen, wie wir sie gerade erleben, gab es in den vergangenen 80 Jahren nicht. Die große Frage ist, wie man den Bürgern erklärt, was der Plan der Politik dafür ist", sagt die Politikwissenschaftlerin Ursula Schröder von der Universität Hamburg. Wobei es *den* Plan nicht geben kann, weil die Krisen miteinander verflochten sind. Ein einfaches Beispiel: Der Ausstieg aus der Kernenergie in Deutschland mag für sich genommen eine gute Idee sein, die man unter anderem mit den ungeklärten Fragen der Endlagerung und Sicherheitsrisiken begründen kann. Er schafft aber Probleme, was die Abhängigkeit von anderen Energieformen wie Gas, Öl oder Kohle und deren Lieferanten betrifft, Stichwort Russland, dazu kommen Bedenken wegen der Grundlastsicherung. Und dann muss man als Politiker natürlich erklären können, warum Deutschland sich eigentlich so radikal von der Atomkraft verabschiedet, während andere Länder neue Atomkraftwerke bauen, ob das im Kampf gegen den Klimawandel und CO_2 nicht kontraproduktiv ist, ob fortgeschrittenere Technologien nicht viel sicherer sind und was eigentlich mit chemischen Giftstoffen ist, die auch strahlen und eingelagert werden müssen.

Wie gesagt: Es ist schrecklich kompliziert und es wird immer komplizierter, nicht umsonst wurden während der Corona-Pandemie und des Ukraine-Krieges so viele Wissenschaftler in die politischen Talkshows im deutschen Fernsehen eingeladen wie niemals zuvor. Während von ihnen aber niemand erwartet, dass sie sich jenseits ihres Forschungs- und Fachgebiets auskennen, ist das bei Politikern anders. Sie müssen notfalls in der Lage sein, zu jedem aktuellen politischen Thema etwas zu sagen. Das war nie einfach, in den Zeiten, in denen wir jetzt leben, ist es unmöglich, gerade für Abgeordnete, die nicht große Stäbe an Referenten an ihrer Seite haben und die sich im Zweifel selbst und schnell in verschiedene Thematiken einarbeiten müssen.

Je wichtiger und mächtiger ein Politiker wird, desto größer wird die Zahl der Mitarbeiter und Experten, auf die er zurückgreifen kann und die ihn vorbereiten. Was aber nicht davor schützt, plötzlich Fragen gegenüberzustehen, die man nicht beantworten kann. Robert Habeck ist genau das passiert, sogar mehrfach. In einem Interview zum Wirecard-Skandal sagte er über die Rolle der Bundesanstalt für Finanzdienstleistungsaufsicht (Bafin): „Die Bafin ist vielleicht gut darin, mittelständischen Unternehmen nachzuweisen, dass Handwerkerrechnungen falsch eingebucht wurden. Aber sie ist schlecht darin, internationale Finanzakteure zu kontrollieren. Das muss sich schleunigst ändern." Das Problem: Die Bafin hat nichts mit mittelständischen Unternehmen zu tun und mit Handwerkerrechnungen schon gar nicht. In einem anderen Interview ging es um die Pendlerpauschale, in deren geplanten Erhöhung Habeck einen Anreiz sah, längere Strecken mit dem Pkw zu fahren: „Wenn man den Benzinpreis um drei Cent erhöht, die Pendlerpauschale aber um fünf Cent erhöht, dann lohnt es sich eher, mit dem Auto zu fahren als mit der Bahn", hatte er gesagt, um ziemlich ins Stottern zu kommen, als sein Gesprächspartner ihn darauf hinwies, dass die Pendlerpauschale für alle Verkehrsmittel gelte: „Dann ist es ja nur die Erstattung des Bahntickets und die ... oder wird die dann ... das weiß ich gar nicht." In der Sendung von Sandra Maischberger geriet Habeck, inzwischen Vizekanzler, erneut ins Stammeln, als er zu erklären versuchte, dass sich infolge gestiegener Gaspreise die Geschäfte für mittelständische Unternehmen nicht mehr rechnen könnten, das aber nicht deren Ende bedeuten müsste: „Dann sind die nicht insolvent automatisch, aber sie hören vielleicht auf zu verkaufen."

Der *Tagesspiegel* nannte Habecks Auftritt ein „kommunikatives Desaster", andere Medien fragten sich, ob im Wirtschaftsministerium vielleicht jemand sitzt, der gar nicht so viel Ahnung von Wirtschaft hat. Das Problem geht tiefer und hat auch mit unseren Anforderungen an Politiker zu tun, die nicht nur tief in den Themen stecken, sondern über die auch so sprechen können sollen, dass am besten jeder in ein paar Minuten versteht, worum es geht. Die Wahrheit ist, dass man damit zu viel erwartet und sich entscheiden muss, was man will. Entweder Politiker wie Olaf Scholz, die den Ehrgeiz haben, jede politische Frage so zu durchdringen, dass sie sich eine Meinung bilden und eine Entscheidung treffen, die aber nicht besonders anschaulich davon erzählen können. Oder Politiker wie Robert Habeck, denen man beim Denken zuhören kann, die aber nicht gefeit davor sind, auch über Dinge zu sprechen, von denen sie gar nicht so viel verstehen.

Die Zeit hat nach dem Auftritt des Vizekanzlers bei *Maischberger* ihr Urteil wie folgt gefällt: „Kann man von einem Minister erwarten, dass er das verständlich erklärt? Ja. Ist es ein Nachweis von fachlicher Ungeeignetheit, wenn das einmal weniger gut gelingt? Nein. Denn so wichtig Kommunikation gerade in der Politik sein mag: Letztlich kommt es darauf an, was jemand tut und welche Ergebnisse er abliefert." Grundsätzlich sollten wir als Bürger lernen zu akzeptieren, wenn ein Politiker auf eine Frage einmal keine Antwort weiß und das zugibt. Das ist kein Zeichen von Schwäche, sondern eine Anerkennung der Realität in einer Welt, in der morgen falsch sein kann, was gestern richtig erschien.

Deshalb verbietet sich auch eine Frage, die Journalisten Politikern gern stellen, wenn sie glauben, nicht richtig weiterzukommen. „Können Sie ausschließen, dass …", ist eine der seltsamsten Fragen, die ich kenne, weil gerade die Erfahrungen der vergangenen Jahre, das Auftauchen eines neuen Virus und die Rückkehr des Krieges in Europa, zeigen, dass selbst der klügste und kompetenteste Politiker nichts ausschließen kann. Olaf Scholz hat dazu einmal gesagt: „Im Übrigen ist es ja so, dass die Dinge manchmal im Fluss sind. Dann muss man es aushalten, dass der Prozess des Klügerwerdens und des Beratens noch nicht abgeschlossen ist und man das Ergebnis noch nicht verkünden kann."

Das stimmt, aber es ist leider auch richtig, dass viele Ergebnisse politischen Nachdenkens und Beratens am Ende so formuliert werden, siehe Seehofers Einlassungen am Anfang dieses Kapitels, dass sie niemand versteht. Wer sich etwa in Hamburg im Jahr 2022, in dem alle Immobilienbesitzer verpflichtet waren, eine neue Grundsteuererklärung abzugeben, darüber informieren wollte, was es mit dieser Grundsteuer überhaupt auf sich hat, fand in dem entsprechenden Gesetz darüber unter anderem folgende Passagen:

„Der Grundsteuerwert des Grund und Bodens ist der Äquivalenzbetrag, der sich durch eine Multiplikation der Fläche des Grund und Bodens mit der Äquivalenzzahl nach § 3 Absatz 1 ergibt; er wird auf volle Cent nach unten abgerundet. Die Grundsteuerwerte von Wohn- und Nutzflächen der Gebäude sind die Äquivalenzbeträge, die sich durch eine Multiplikation der maßgeblichen Gebäudeflächen mit der Äquivalenzzahl nach § 3 Absatz 2 ergeben. (…) Die Zurechnung mehrerer Wirtschaftsgüter zu einer wirtschaftlichen Einheit wird nicht dadurch ausgeschlossen, dass die Wirtschaftsgüter zum Teil der oder dem einen, zum Teil der anderen Ehegattin, dem anderen Ehegatten, der anderen Lebenspartnerin oder dem Lebenspartner zuzurechnen sind. Bei Gebäuden auf fremdem Grund und Boden sind der Grund und Boden der Eigentümerin oder dem Eigentümer des Grund und Bodens und die Gebäude der wirtschaftlichen Eigentümerin oder dem wirtschaftlichen Eigentümer der Gebäude zuzurechnen.“ Ach so …

Millionen Bürger scheiterten am Ausfüllen der Formulare zur neuen Grundsteuererklärung, der Abgabetermin musste um drei Monate verlängert werden, aber auch dann fehlten noch rund 30 Prozent von 36 Millionen Erklärungen. Wenn man, wie ich, an den Erläuterungen zum Ausfüllen der Dokumente verzweifelt ist und sich einmal mehr gefragt hat, was wir Steuerzahler dem Staat getan haben, dass er so mit uns spricht, muss Politikern Abbitte tun. Im Vergleich zu dem ganz alltäglichen Behördendeutsch ist selbst ein Gespräch mit Olaf Scholz ein Hochgenuss.

Man darf nicht unterschätzen, wie die Verwaltungssprache die Sprache der Politiker prägt, und sei es nur, weil sie Sorge haben, nicht „rechtssicher“ (übrigens auch ein wunderbares Wort) zu formulieren. „Wir leben in einem System, in dem Unverständlichkeit leider zu etwas Alltäglichem geworden ist“, sagt Dieter Lenzen dazu, ehemaliger Präsident der Freien Universität Berlin und der Universität Hamburg. „Unser Rechtssystem hat sich immer weiter ausdifferenziert: Es gibt eine Klage in irgendeiner Frage, die dann generalisiert wird und dazu führt, dass eine neue Rechtsvorschrift formuliert wird. Und diese Rechtsvorschrift verstehen die Bürger oft nicht, sie dient den Behörden aber als Absicherung. So nach dem Motto: Wir haben die Menschen doch auf dieses oder jenes hingewiesen, es ist ja nicht unser Problem, wenn die das gar nicht verstehen. Im Grunde haben wir es mit einer Fachsprache zu tun, die der Bürger nicht gelernt hat und niemals lernen wird.“ Und die Politiker nur schwer übersetzen können, wenn sie es denn überhaupt versuchen.

Welche sprachlichen Folgen die unbestreitbare Nähe von Politikern, die Ämter besetzen, auf die politische Kommunikation hat, hat niemand so schön zusammengefasst wie Ole von Beust im *Deutschlandfunk*: „Meine Erfahrung ist, dass Politiker sich immer weniger als Politiker verstehen, als Ideengeber oder Anführer, sondern letztlich als oberste Instanz der Exekutive. Und die reden auch sehr exekutiv“, sagte der ehemalige Hamburger Bürgermeister. „Also, es gilt in der Politik eigentlich als kompetent, wenn man besonderes Beamtendeutsch spricht. Und das ist ein Rollenverständnis, was sich so eingebürgert hat, auch Kompetenz vorzugeben durch eine exekutive Sprache, das eigentlich mit der ursprünglichen Aufgabe des Politikers, Ideen zu geben, auch mal Ungewohntes zu tun, zu führen, gar nichts mehr unbedingt zu tun hat.“ SPD-Generalsekretär Kevin Kühnert sieht das ähnlich, er sagt: „Das eine ist, das politische Handwerk im Alltag zu beherrschen, das andere ist, darüber zu sprechen. Eine Politik, die nur zwischen Aktendeckeln stattfindet, ist keine Politik, sondern Verwaltung.“

Leider sind die Grenzen fließend, was nicht nur an den Hauptakteuren liegt, sondern auch an den Frauen und Männern, die für sie reden, wenn sie keine Zeit haben oder lieber nichts persönlich sagen wollen. Die Regierungssprecher sind Großmeister darin, Fragen zu beantworten, aber dabei so unverbindlich zu bleiben, dass es sich in der Regel kaum lohnt, sie zu zitieren. „Ein Regierungssprecher ist dafür da, dass er Fragen geduldig beantwortet“, hat Steffen Seibert gesagt, der Mann, der lange hinter (und oft vor) Angela Merkel stand. Steffen Hebestreit, der Regierungssprecher von Olaf Scholz, sagt: „Wir versuchen jede Frage, ob über ruhigere oder bewegendere Themen, mit der angemessenen Klarheit zu beantworten. Das mag nicht immer gelingen, aber wir streben es an. Manchmal geht es auch gar nicht darum, nichts sagen zu wollen, sondern nichts sagen zu können.“

Und was sagte der frühere Außenminister Hans-Dietrich Genscher? „Was die Kosmetik für die Damen ist, ist der Regierungssprecher für die Regierung.“

Mehrheiten sind wichtiger als Wahrheiten

Warum die politische Kommunikation während und nach Wahlkämpfen ihren Höhe- und ihren Tiefpunkt erreicht

Zu den seltsamsten Momenten der politischen Kommunikation gehören die Minuten und Stunden nach Landtags- oder Bundestagswahlen. Es beginnt damit, dass sich kurz nach der Bekanntgabe der Prognose um 18 Uhr im Fernsehen die ersten Generalsekretäre zu Wort melden und eine Meinung dazu haben. Die sie sich, so viel sei verraten, spätestens ab 16 Uhr haben bilden können, denn dann bekommen die Parteien genauso wie die Journalisten von den Meinungsforschungsinstituten Zahlen übermittelt. Wenn Sie also über die spontane Souveränität von Moderatoren und/oder Politikern im Umgang mit so frischen Ergebnissen gestaunt haben sollten – jetzt wissen Sie, woher die kommt.

Das Ende des Wahlkampfs, das sich in der Prognose und später in der ersten Hochrechnung ausdrückt, ist jedes Mal ein Tiefpunkt der politischen Kommunikation. Das hängt damit zusammen, dass es kurz vor und kurz nach Wahlen in unserer Demokratie vor allem um Mehrheiten und nicht um Wahrheiten geht, was die Sprache von Politikern stark beeinflusst. Es soll Menschen geben, die die Berichterstattung im Fernsehen an Wahlabenden nur verfolgen, um altbekannte Phrasen zu zählen und neue zu entdecken. Was sagt jeder Politiker, wenn die Wahl vorbei ist? Genau: „Erst einmal möchte ich mich bei allen Wählerinnen und Wählern bedanken, die meiner Partei heute ihre Stimme gegeben haben, und natürlich bei all den Menschen, die aufopferungsvoll für uns Wahlkampf gemacht und um jede Stimme gekämpft haben." Das geht immer, weil es gar nichts über den Ausgang der Wahl und die Konsequenzen für die eigene Partei sagt, ähnlich wie diese Formulierungen: „Wir werden das Wahlergebnis genau analysieren, es ist noch zu früh für ein endgültiges Urteil." Oder: „Der Wahlabend ist noch jung und wir haben bei früheren Wahlen erlebt, was noch alles passieren kann, deshalb sollten wir abwarten." Oder: „Wir werden das Ergebnis, wenn es denn vorliegt, sorgfältig in den Parteigremien besprechen."

Wenn es dann doch etwas konkreter werden muss, weil der Wahlabend fortgeschritten und die Hochrechnungen stabiler geworden sind, gehört es zur (nicht besonders hohen) rhetorischen Kunst, jedes Ergebnis möglichst so zu kommentieren, dass die eigene Partei als Gewinner dasteht. Das fällt leicht, wenn man wirklich der Sieger ist, dann wird gern der Klassiker „Wir haben ganz klar den Auftrag der Wählerinnen und Wähler zu einer Regierungsbildung erhalten" genommen. Wer nicht stärkste Fraktion geworden ist, aber ein besseres Ergebnis erzielt hat als bei der Wahl vor vier oder fünf Jahren, verweist exakt darauf, die Grünen können das besonders gut. Hat man dagegen Prozentpunkte im Vergleich zur vorherigen Wahl verloren, kann man im Zweifel immer noch behaupten, dass die Zahlen besser seien, als die Meinungsforschungsinstitute das vorhergesagt hätten. Wenn selbst das nicht mehr geht, fallen Sprüche wie: „Natürlich hätten wir uns ein besseres Ergebnis erhofft", oder: „Ein ‚Weiter so' kann es nicht geben."

Im Wahlkampf ist das anders. Es ist die Zeit, in der die Sprache der Politiker sich zunächst ändert, klarer und verständlicher wird, bevor das Geschwurbel am Wahlabend mit Macht zurückkehrt. Selbst Olaf Scholz kam, gemessen an seinen sonstigen Auftritten, im Bundestagswahlkampf 2021 in seinen Reden manchmal auf den Punkt, nannte den CDU-Vorsitzenden Friedrich Merz gar einen „Waschlappen" (weil der sich nach seiner Niederlage gegen Angela Merkel um den CDU-Fraktionsvorsitz aus der Politik zurückgezogen hatte und erst anderthalb Jahrzehnte später wieder aufgetaucht war). Man muss nur wissen, dass vieles, was aus den Mündern von Politikern während eines Wahlkampfs kommt, zwar gut klingt, aber leider nicht immer so gemeint ist. Ihnen Lügen vorzuwerfen, wäre trotzdem zu hart, weil Versprechungen, das ist das bessere

Wort, zum Kern eines jeden Wahlkampfs gehören, in dem es einzig und allein darum geht, so viele Stimmen wie möglich für die eigene Partei zu gewinnen. Soll heißen: Wer glaubt, dass Politiker so sind, wie sie im Wahlkampf sind, und hinterher das machen, was sie dort gesagt haben, wird in der Regel enttäuscht werden.

Ich hatte im September 2021, wenige Tage vor der Bundestagswahl am 26., den FDP-Vorsitzenden Christian Lindner zu Gast und fragte ihn natürlich, was er über eine mögliche Koalition mit der SPD und den Grünen denke. Lindner sagte: „Die FDP schließt aus, dass wir uns an einer Linksverschiebung in Deutschland beteiligen. Wir schließen höhere Steuern genauso aus wie ein Aufweichen der Schuldenbremse, wir wollen Deutschland aus der Mitte heraus regieren. Mir fehlt tatsächlich die Fantasie, welches inhaltliche Angebot Olaf Scholz und Annalena Baerbock der FDP machen könnten, das zugleich von Saskia Esken, Kevin Kühnert, Anton Hofreiter und Jürgen Trittin akzeptiert wird. Und man muss in Erinnerung rufen, dass Olaf Scholz vor der Bürgerschaftswahl 2015 ausgeschlossen hatte, danach überhaupt mit der FDP zu reden. Das sagt viel über seinen eigenen politischen Standpunkt aus. Sowohl die SPD als auch die Grünen denken vom Staat aus, wir denken eher vom einzelnen Menschen her. Da fangen die Probleme schon an." Auf die Frage, was er von Olaf Scholz halte, antwortete Lindner: „Seine Haushaltspolitik vor der Pandemie war ruinös, der Staatshaushalt ist in einem sehr schlechten Zustand. Hier in Hamburg ist doch das Image des Regierungsroutiniers durch die Krawalle bei G20 erschüttert worden. Wie war das bei Cum-Ex und bei Wirecard, auch sein Verantwortungsbereich? Herr Scholz hat immer gesagt, wer bei ihm Führung bestellt, bekommt Führung. Wer so selbstbewusst auftritt, muss dann auch Verantwortung übernehmen. Ich habe mit Herrn Scholz persönlich ein gutes Verhältnis und wir haben auch schon Dinge, etwa Verfassungsänderungen, gemeinsam beschlossen. Ich will nur die Klarheit herausarbeiten, dass bei allem Respekt gegenüber Herrn Scholz und der Anerkennung seiner Professionalität nicht der Eindruck entstehen darf, er sei der natürliche Nachfolger von Helmut Schmidt. Das ist er nicht."

Kurz nachdem der Podcast mit diesen Aussagen am 21. September ausgestrahlt worden war, verhandelte die FDP mit der SPD und den

Grünen über die erste Ampel-Regierung und Olaf Scholz erklärte, dass er sicher davon ausgehe, der nächste Kanzler der Bundesrepublik Deutschland zu werden. Christian Lindner, dem die Fantasie für ein solches Bündnis fehlte, wurde darin bekanntlich Bundesfinanzminister und damit einer der wichtigsten Männer des Landes. Würde man ihn heute darauf ansprechen, würde er wahrscheinlich sagen, dass er ja nie behauptet habe, ihm würde grundsätzlich die Fantasie für eine Ampel-Koalition fehlen, sondern nur dafür, dass Olaf Scholz und Annalena Baerbock ihm ein Angebot präsentieren, das auch Saskia Esken, Kevin Kühnert, Anton Hofreiter und Jürgen Trittin akzeptieren würden …

Womit wir bei Gregor Gysi sind, dem dieses Kapitel seine Überschrift zu verdanken hat. Der Linke-Politiker hat ein Buch mit dem Titel „Warum Politiker nichts sagen. Weil es um Mehrheiten und nicht um Wahrheiten geht" geschrieben, was lustigerweise etwas mehr verspricht, als es hält. Es geht auch um die politische Kommunikation und ihre Tücken, aber mindestens genauso viel um Gysis Anekdoten, die er so gut erzählen kann wie wenige andere. Wobei es unterhaltsamer ist, dem Politiker zuzuhören, als von ihm zu lesen, weshalb ich mit Gysi noch einmal länger (in dem Podcast „Das Scholz-Update") über das Thema gesprochen habe. Seine Kernthese deckt sich mit den Erkenntnissen aus dem Wahlkampf, um die es bisher in diesem Kapitel ging. Sie lautet: „Der Wunsch, eine Mehrheit zu erzielen, führt zu dem bewussten oder unbewussten Verhalten von Politikerinnen und Politikern, Wählerinnen und Wähler im Kampf um jede Stimme nicht zu verschrecken." Das macht man dann lieber hinterher, in der Hoffnung, dass die Menschen es bis zur nächsten Wahl wieder vergessen haben.

Dass das Prinzip, den Menschen etwas zu sagen, was sie gern hören wollen, funktioniere, beweise, so Gysi, ein Beispiel aus dem Jahr 1990: „Helmut Kohl wollte gern Kanzler bleiben und Oskar Lafontaine von der SPD wollte gern Kanzler werden. Lafontaine sagte, die deutsche Einheit wird sehr teuer, Helmut Kohl sagte, es kommen blühende Landschaften. Meine erste Frage: Wer hatte recht? Meine zweite Frage: Wer hat die Bundestagswahl gewonnen, also die Mehrheit erhalten?"

Zwischen den Wahlen leide die politische Kommunikation darunter, dass Politiker in Parlamenten einer Fraktionsdisziplin unterliegen würden, ohne die benötigte Mehrheiten nicht zustande kommen könnten. Gysi hat auch dafür ein Beispiel, das zudem einmal mehr zeigt, wie komplexe Vorgänge und Gesetzesvorhaben Abgeordnete überfordern. „Es ging zu der Zeit von Gerhard Schröder als Kanzler im Bundestag um die Veräußerungserlösgewinnsteuer. In der Debatte quatschten alle Kolleginnen und Kollegen, die vor mir dran waren, nur von der Veräußerungserlösgewinnsteuer. Dass mehr als 90 Prozent der Bevölkerung mit diesem Begriff nichts anfangen können, kam ihnen gar nicht in den Sinn", sagt Gysi. Inhaltlich sei es um Folgendes gegangen: „Unter Kohl war es so, dass die Kapitalgesellschaften die Veräußerungserlösgewinnsteuer in voller Höhe zu bezahlen hatten, die inhabergeführten Unternehmen nur zur Hälfte. Das wurde geändert, die Kapitalgesellschaften wurden befreit und die inhabergeführten Unternehmen mussten das Doppelte bezahlen", so Gysi, der sich damals fragte, ob das den anderen Abgeordneten auch klar war. Oder ob sie nur so sprachen, wie sie sprachen, um in ihrer Fraktion nicht aus der Reihe zu tanzen. „Als ich dann dran war, sagte ich: Noch mal langsam, damit es einer wie ich auch versteht. Das ist selbstironisch, denn ich darf ja nicht sagen, damit Sie es verstehen, damit beleidige ich die anderen, also nehme ich mich selbst. Das wirkt bescheiden, ist natürlich in Wirklichkeit die höchste Form der Arroganz, weil ich natürlich heimlich hoffe, dass die anderen denken: Er wird es schon verstanden haben", erzählt Gysi. „Dann sagte ich: Unter Kohl war es so: Wenn die Deutsche Bank einen Kaufpreis bekam, musste sie darauf die volle Steuer bezahlen, wenn der Bäckermeister den Kaufpreis bekam, musste er die halbe Steuer bezahlen. Heute erleben wir unter Gerhard Schröder und Joschka Fischer eine sozial-ökologische Reform und die besteht darin, dass die Deutsche Bank nichts mehr zu bezahlen braucht und der Bäckermeister das Doppelte. Nachdem meine Rede zu Ende war, rannten etwa 15 SPD-Abgeordnete zum damaligen Fraktionsvorsitzenden Peter Struck und fragten, ob das stimmt, was ich gesagt hatte. Ob es das ist, worüber sie zu entscheiden haben. Durch meine Übersetzung hatten sie erst verstanden, worum es geht."

Die Fraktionsdisziplin, also der Zwang, Mehrheiten in Parlamenten zu erzielen und eine Geschlossenheit der jeweiligen Regierung beziehungsweise Parteien zu demonstrieren, beeinflusst die politische Kommunikation genauso wie ein Punkt, den Gysi als weiteren Strukturfehler bezeichnet: „Wenn heute SPD, FDP und Grüne etwas entscheiden, dann haben sie ja Beweggründe. Aber der nächste Tagesordnungspunkt lautet: Wie verkaufen wir es der Bevölkerung? Und dann überlegt man sich eine Begründung, von der man meint, dass eine Mehrheit sie teilt. Das ist aber nicht identisch mit den wahren Beweggründen. Dafür hat die Bevölkerung einen zunehmenden Instinkt und das macht sie immer misstrauischer."

Es gibt noch ein anderes Beispiel: „Jeder Bundesverkehrsminister hat bisher erklärt, warum es in Deutschland kein generelles Tempolimit geben kann", sagt Gysi. Volker Wissing von der FDP, der das Ministerium seit Ende 2021 leitet, behauptete sogar, dafür nicht genügend Verkehrsschilder zu haben. Die Wahrheit sei, so Gysi, dass Deutschland das Land der Autohersteller sei, von denen Hunderttausende Arbeitsplätze direkt abhängen: „Warum erzählt jeder Bundesverkehrsminister so einen Mist, anstatt mal ehrlich zu sagen, dass es der Druck der Autoindustrie ist, der ihn davon abbringt?"

Seine Antwort kennen wir jetzt. Die Rücksichtnahme von Politikern auf Mehrheiten geht noch weiter, nämlich dann, wenn man befürchten muss, mit einer Erklärung eine größere Zahl von Menschen zu beunruhigen. Die *taz* hat in einem Text über „Lüge und Wahrheit in der Politik" gefragt, ob man wirklich wolle, dass Politiker „unter allen Umständen immer die Wahrheit sagen". Die Antwort des Autors Robert Misik fällt auch hier eindeutig aus: „Keineswegs erwarte ich", schreibt er, „dass Politiker und Politikerinnen immer die Wahrheit sagen. (…) Denn vollkommene Ehrlichkeit kann negative Folgen haben." Es sei „wahr, dass Verunsicherung, wenn sie etwa zu Massenpanik führt, im Extremfall sogar gefährlicher sein kann als die Gefährdung selbst, über die man uns im Unklaren lässt".

Das ist im Nachhinein eine gute Erklärung für einen Sonderfall der politischen Kommunikation, der gut zeigt, wie schwer es ist, unbequeme Wahrheiten so zu formulieren, dass sie nicht in größeren Gruppen Unsicherheiten auslösen. Es geht um den legendären Satz, den Bundeskanzlerin Angela Merkel während der Finanzkrise 2008 sagte, als Millionen Deutsche um ihre gesparten Gelder fürchteten: „Wir sagen den

Sparerinnen und Sparern, dass ihre Einlagen sicher sind." Das klang beruhigend und war ein wichtiges Signal an die Sparer, aber eben nicht die Wahrheit. Hätten die deutschen Privathaushalte mit ihren Billionen Euro Geldvermögen die Garantie auch nur in Teilen in Anspruch genommen, wäre der Staat in allergrößte Schwierigkeiten gekommen. Angela Merkel hatte etwas versprochen, was sie niemals hätten halten können. Vielleicht hat ihr damaliger Finanzminister Peer Steinbrück von der SPD deshalb noch folgende Sätze hinterhergeschickt: „Ich möchte gerne unterstreichen, dass wir in der Tat in der gemeinsamen Verantwortung, die wir in der Bundesregierung fühlen, dafür Sorge tragen wollen, dass die Sparerinnen und Sparer in Deutschland nicht befürchten müssen, einen Euro ihrer Einlagen zu verlieren. Dies ist ein wichtiges Signal, damit es zu einer Beruhigung kommt und nicht zu Reaktionen, die unverhältnismäßig wären und die uns die derzeitige Krisenbewältigung beziehungsweise Krisenprävention noch schwieriger machen würden."

Die Rolle der Journalisten und wie die Berliner Blase alles schlimmer macht

Warum Journalisten eine Mitschuld daran tragen, wie Politiker sprechen

Es gibt viele Sätze, die Politiker verwenden, wenn sie nicht mehr weiterwissen oder nichts mehr sagen wollen beziehungsweise dürfen. „Das müssen wir in den Gremien besprechen und werden uns dann zu gegebener Zeit dazu äußern", ist einer, ein anderer: „Lassen Sie uns jetzt nach vorn blicken und uns darauf konzentrieren, was in der Zukunft wichtig wird." Und es gibt die Formulierung, die Journalisten etwa so wenig schätzen wie Politiker die Können-Sie-ausschließen dass-Frage und die sehr gern verwendet wird, wenn es darum geht, wer denn nun für diese oder jene Entwicklung die Verantwortung trägt. „Daran sind auch die Medien schuld", heißt es dann schnell, weil sich das leicht sagt in einem politischen System, in dem die Pressefreiheit und damit die Presse eine zentrale Rolle spielen und das gern als Mediendemokratie bezeichnet wird.

Die Schuld von denen, die entscheiden, auf die zu lenken, die darüber berichten, scheitert in der Regel, was aber nicht heißt, dass es nicht immer wieder versucht wird. Einer der letzten prominenten Fälle war Bundesverteidigungsministerin Christine Lambrecht, die nach mehreren Pannen im Amt und einer missglückten „Neujahrsansprache" in den sozialen Medien zum Jahreswechsel 2022/2023 von ihrem Amt zurücktrat, zu einem Zeitpunkt, an dem sie laut Umfragen eine der unbeliebtesten Politikerinnen des Landes war. In einer Erklärung schrieb sie damals:

„Ich habe heute den Bundeskanzler um Entlassung aus dem Amt der Bundesministerin der Verteidigung gebeten. Die monatelange mediale Fokussierung auf meine Person lässt eine sachliche Berichterstattung und Diskussion über die Soldatinnen und Soldaten, die Bundeswehr und sicherheitspolitische Weichenstellungen im Interesse der Bürgerinnen und Bürger Deutschlands kaum zu. Die wertvolle Arbeit der Soldatinnen und Soldaten und der vielen motivierten Menschen im Geschäftsbereich muss im Vordergrund stehen. Ich habe mich deshalb entschieden, mein Amt zur Verfügung zu stellen. Ich danke allen, die sich jeden Tag für unsere Sicherheit engagieren, und wünsche ihnen von Herzen alles erdenklich Gute für die Zukunft." „Mediale Fokussierung" ist die vornehme Form von „die Medien sind schuld" und die Übersetzung von „ich habe alles richtig gemacht". Was objektiv falsch und viel zu einfach ist.

So einfach wollen wir es uns in diesem Buch nicht machen. Denn natürlich sind die Medien, die Journalisten nicht unschuldig daran, wie Politiker sprechen. Die Frage ist nur, ob diese Mitschuld so tief reicht, wie es ausgerechnet einige der Politiker behaupten, die von ihren rhetorischen Fähigkeiten mit Abstand zu den Besten gehören, die wir in Deutschland haben. Ich rede von dem mehrfach erwähnten Wolfgang Kubicki von der FDP, von Norbert Röttgen und Norbert Lammert von der CDU und vom Linken Gregor Gysi. Deren Urteil über den Zusammenhang zwischen der Qualität politischer Antworten und der Qualität journalistischer Fragen fällt eindeutig aus. „Zum Teil fehlt es im politischen Journalismus schon an der Fähigkeit, die richtigen Fragen zu stellen, geschweige denn, die Antworten kritisch zu bewerten", sagt Röttgen. Der Außenpolitiker bescheinigt dem Journalismus im Land, viel zu harmlos und damit in der Corona-Pandemie und dem Ukraine-Krieg mitverantwortlich dafür gewesen zu sein, „dass die Wirklichkeit zu lange ausgeblendet wurde und eine Menge an Illusionen weiter andauert".

Wolfgang Kubicki drückt sich ähnlich drastisch aus, was sowieso seine Stärke ist: „Die Medien haben sich daran gewöhnt, Phrasen zu transportieren, weil es einfacher ist, als komplexe Sachverhalte auf einen Punkt bringen zu wollen. Davon lernen junge Politiker, möglicherweise so zu formulieren, dass alle Deutungen möglich sind, weil man dann Widerständen aus dem Weg gehen kann. Ich habe das mehrfach in Fernsehinterviews erlebt, dass eine Frage gestellt wird und ein Politiker eine völlig andere Antwort gibt. Er antwortet also auf eine Frage, die gar nicht gestellt worden ist, und in dieser Antwort ist keine klare Position zu erkennen." Diese Art habe sich leider in den 16 Jahren, in denen Angela Merkel Kanzlerin gewesen sei, durchgesetzt und nicht wenige Menschen hätten sich daran gewöhnt, dass das so ist, auch Journalisten: „Ich würde das im parlamentarischen Bereich nicht durchgehen lassen, sondern konsequent nachfragen", sagt Kubicki. Dass man sofort eingreifen muss, wenn Politiker reden, ohne etwas zu sagen, findet auch Gregor Gysi und formuliert einen dieser Sätze, für die man ihm so gern zuhört: „Wo es um Antworten geht, bleibt Rhetorik zuallererst eine Kunst des Fragens."

Daran scheint es im deutschen Journalismus zu hapern, sonst würde die Diskussion um die verworrene Sprache in der Politik nicht so heftig geführt und sonst käme der Bundeskanzler, „der schweigt, wenn es etwas zu sagen gäbe, und redet, wenn er schweigen müsste" (Kabarettist Florian Schröder), weder damit durch noch mit seinen Antworten, die keine sind. Einer, der sich das nicht mehr gefallen lassen will, ist Markus Lanz. Der Aufstieg des am wenigsten geliebten Moderators im deutschen Fernsehen zum Gastgeber des wichtigsten politischen Talkformats zeigt, wie groß der Wunsch nach Klarheit und nach Fragestellern ist, die nachhaken. Genau das ist Lanz' Mission: sich nicht von Menschen abschütteln zu lassen, die darauf trainiert sind, Fragen auszuweichen. Er hat es in einem Gespräch mit mir im Hamburger Thalia Theater Anfang 2023 so formuliert: „Wenn sich jemand im argumentativen Dickicht, im rhetorischen Unterholz verläuft, dann helfe ich ihm daraus. Eigentlich ist das, was wir da abends machen, Lebenshilfe."

Das klingt charmant, und genau das will und muss Lanz ebenso sein wie hartnäckig und unerbittlich, weil er sonst in seiner Rolle als Gastgeber schnell aggressiv wirken könnte. Was gerade dem deutschen TV-Publikum sauer aufstößt. Nach wie vor gilt es gerade bei älteren Zuschauern als unhöflich, wenn ein Journalist einen Politiker nicht ausreden lässt, immer noch gibt es deswegen beim ZDF die meisten Beschwerden über Markus Lanz. Aber es nutzt ja nichts. „Ich habe schon ein Problem damit, dass das schlichte Beharren auf einer Antwort etwas sein soll, das Leute in Verlegenheit bringt", sagt Lanz, und dass er mit zunehmendem

Alter immer ungeduldiger werde, wenn Menschen auf die Fragen, die er ihnen stelle, nicht antworten würden. Das lässt er inzwischen niemandem mehr durchgehen, auch wenn er dabei manchmal unhöflich und übergriffig rüberkommt, es ist ihm egal: „Und es geht nicht darum, dass es bei mir zwischen den Gästen kracht, darauf legen wir es bei der Zusammensetzung der Runde nicht an. Es geht darum, den Zuschauerinnen und Zuschauern etwas Substanzielles zu erzählen und die Sendezeit zu nutzen.“ Die *taz* schrieb dazu: „Der Zuschauer kann bei und mit Lanz im Idealfall seine eigene Politisierung vorantreiben.“ Das stimmt, aber dass man das so betonen muss und dass Markus Lanz mit seiner Sendung dadurch eine Sonderstellung im deutschen Fernsehen erreicht hat, zeigt auch, dass es auf journalistischer Seite noch viel zu tun gibt.

Lanz glaubt wirklich, dass man die meisten Politiker dazu bringen kann, so zu sprechen, dass man sie verstehen kann. Das sei selbst beim Bundeskanzler möglich: „Ich habe in meiner Sendung einmal einen Olaf Scholz erlebt, von dem selbst Olaf Scholz nicht wusste, dass er in ihm steckt“, sagt Lanz. Außerdem würde ihn der CDU-Vorsitzende Friedrich Merz mit seinen Provokationen im Deutschen Bundestag zu neuer rhetorischer Blüte treiben: „Wenn Scholz dann mal das Manuskript weglegt und frei redet, ist das ein Genuss.“ Den anderen Scholz gebe es aber leider nach wie vor auch, so der Moderator, „und ich frage mich, warum man ihn immer so davonkommen lässt“. Wobei er sich da selbst zuletzt keinen Vorwurf machen musste. Als Bundeskanzler war Scholz noch nicht bei *Markus Lanz*, dafür bei *Anne Will* und *Maybrit Illner*. Im Kanzleramt begründet man das mit dem deutlich größeren Publikum, das man bei den anderen beiden Sendungen erreiche, was natürlich ein Argument ist. Genauso stimmt es aber auch, dass Will und Illner in Berlin anders fragen, als es der Lanz in Hamburg tut, und wo man, wie es Peter Tschentscher, Scholz‘ Nachfolger als Bürgermeister der Stadt, gesagt hat, „immer mit etwas rechnen muss, auf das man sich nicht vorbereitet hat“.

Und sei es nur, weil man denkt, dass man weiß, wie das bei Markus Lanz läuft, und sich als Spitzenpolitiker in eine Sicherheit wiegen lässt, die es bei gut geführten Interviews niemals geben darf. Bestes Beispiel dafür ist das inzwischen legendäre Gespräch, das Markus Lanz im Frühjahr 2021 mit dem damaligen CDU-Vorsitzenden Armin Laschet geführt hat und das zumindest für viele Journalisten der Anfang vom Ende der Laschet'schen Ambitionen auf das Kanzleramt war. „Mit gezielten Lanzismen wiegte der Moderator seinen Gast Armin Laschet in Sicherheit – und brachte ihn dann zur Strecke wie ein Matador das orientierungslose Rindvieh", schrieb der *Spiegel* damals. Lanz hat das anders gesehen und er warnt vor einem Dilemma im Wunsch nach einer anderen, greifbaren politischen Kommunikation. Er sagt zu seinem Interview mit Laschet, in dem der sehr offen auf die ihm gestellten Fragen antwortete: „Wir gingen raus aus der Sendung und ich dachte, dass wir ein sehr ehrliches Gespräch geführt haben. Wir sind bigott, wenn wir darüber klagen, dass Politiker diese Emotionen und Verletzlichkeit nicht zeigen und im Fernsehen wie Roboter sprechen. Und wenn sie es dann tun, fallen wir sofort über sie her. Wir schießen in der Bewertung über das Ziel hinaus." Und erreichen im Zweifel das Gegenteil, nämlich, dass Politiker noch vorsichtiger formulieren. Was laut Lanz auch daran liegt, dass es aus verschiedenen, in früheren Kapiteln genannten Gründen immer schwieriger werde, das zu sagen, was man denkt: „In Sachen Meinungsfreiheit habe ich das Gefühl, dass sich der Korridor von links und von rechts verengt. Natürlich haben wir theoretisch Meinungsfreiheit, aber du musst dir schon ganz genau überlegen, ob du dir das antun willst. Ich habe Leute in der Sendung sitzen, die überlegen, ob sie sagen, was gesagt werden müsste, oder ob sie nicht lieber ein ruhiges Wochenende haben wollen. Es ist ein wahnsinniger Kraftakt, auf dieses ruhige Wochenende zu verzichten, und das ist etwas, was Politik so wahnsinnig anstrengend macht."

Was die Mitschuld des Journalismus an der Kommunikation der Politik betrifft, bleibt es dabei nicht. Die Gruppe um Lammert und Gysi kritisiert außerdem, dass man gerade im Fernsehen, dem für Politiker nach wie vor wichtigsten Medium (Kubicki: „Ein Auftritt in einer Talkshow ist wie hundert Zeitungsinterviews"), einfach nicht genug Zeit bekäme, um politische Zusammenhänge in Ruhe zu erklären. Der Wunsch vieler TV-Sender, man möge möglichst kurz antworten, führe dazu, „dass du irgendwann anfängst, in 1:30 Minuten zu denken", sagt Gregor Gysi. Norbert Lammert erzählt, dass er zu seiner aktiven Zeit als Bundestagspräsident entsprechende Anfragen nicht angenommen habe. Er habe den

TV-Sendern immer gesagt: „Wenn Sie jemanden finden, der die Fragen, die Sie haben, in 30 Sekunden beantworten kann, nehmen Sie ihn bitte, ich kann es nicht." Insgesamt führten die knappen Zeitvorgaben dazu, dass bei allen Beteiligten das Gefühl entstehe, man müsste auch den kompliziertesten politischen Zusammenhang in 90 oder 120 Sekunden erklären können. Wer das versucht, wird in der Regel scheitern oder über oberflächliche Bemerkungen nicht hinauskommen.

Norbert Lammert hat das nicht gewollt und deshalb viele Einladungen ins Fernsehen abgelehnt. Was aus Sicht der Zuschauer schade war, weil der CDU-Mann eine Art zu sprechen hat, wie man sie sich von allen Politikern wünschen würde, auch und gerade in den Talkshows. Doch Lammert sagt: „Mir gefällt dieses Format im Allgemeinen nicht. Schon die Anzahl und Zusammensetzung der Teilnehmer erfolgt nach dramaturgischen Gesichtspunkten, das ist wie in der Oper. Gelegentlich hat man zudem den Eindruck, dass die wichtigste Funktion des Gastgebers ist, immer dann einzugreifen, wenn ein gutes Gespräch zu beginnen droht." Lammert war deshalb nur bereit, in Talkshows aufzutreten, „wenn man mir garantiert hat, dass ich mindestens fünf aufeinanderfolgende Sätze sagen kann", kürzer ließen sich die meisten politischen Fragen nämlich nicht beantworten. Auch für Gregory Gysi ist der Mangel an Zeit selbst in den Talkshows ein großes Problem. Wie groß dieses sei, hätten in der Vergangenheit oft die Briefe gezeigt, die er nach seinen Auftritten dort erhalten hätte: „Nur wenige Bemerkungen zum Inhalt, aber zuhauf Kommentare zum Anzug, zum Sitz des Kragens und der Krawattenfarbe."

Bei *Markus Lanz* ist das inzwischen anders, wer als Politiker dort nicht abschweift, darf am Stück auch mal drei, vier oder mehr Minuten reden und kann insgesamt in einer Sendung auf einen Anteil von 20 Minuten und mehr kommen. Lanz macht das Spiel der klassischen Talkshows wie der von Anne Will, die die Klimaaktivistin Luisa Neubauer manchmal „an Koalitionsverhandlungen" und andere Teilnehmer an Wahlkampfveranstaltungen erinnern, nicht mehr mit. Vielleicht hat ihm dabei auch seine Distanz zum politischen Betrieb in Berlin geholfen. Lanz' Sendung wird trotz ihrer neuen politischen Ausrichtung nach wie vor in Hamburg aufgezeichnet, man kann ihm vieles vorwerfen, aber nicht, dass er Teil der Berliner Blase ist.

Als solche wird die Gruppe von Bundespolitikern und politischen Journalisten bezeichnet, die überwiegend in Berlin arbeiten und dabei gern um sich herumkreisen. Florian Harms, Chefredakteur des Nachrichtenportals *T-Online*, beschreibt die Berliner Blase so: „Es ist schon ein ganz eigener, sehr spezieller Stil, den man hier im Politikbetrieb pflegt. Ich bezeichne den politisch-medialen Komplex in Berlin-Mitte gern als Ufo." Michael Kruse, energiepolitischer Sprecher der FDP-Bundestagsfraktion und seit der Wahl 2021 zum ersten Mal als Abgeordneter in Deutschlands wichtigstem Parlament, sagt: „Es ist typisch für die Berliner Blase, dass immer eine Sau durchs Dorf getrieben wird und diejenigen, die das tun, die Sau gar nicht kennen." Er habe als Hamburger Bundestagsabgeordneter, der sich mit Hafenthemen nun wirklich auskenne, etwa die Diskussion um die Beteiligung der chinesischen Staatsreederei Cosco am Hafen der Hansestadt nicht verstanden: „Ich habe das nicht als besserwisserisch, sondern als garnichtwisserisch empfunden. Die Debatte ist in großen Teilen frei von sachlichen Fakten geführt worden."

Das würde Steffen Hebestreit, Sprecher der Bundesregierung von Olaf Scholz, so nicht formulieren, weil sich das für jemanden in seiner Position nicht gehört. Aber auch er hat als jemand, der früher selbst als Journalist in Berlin unterwegs war, ein klares Bild von der Blase: Eine seiner großen Aufgaben als Regierungssprecher sei, „zwischen öffentlicher und veröffentlichter Meinung innerhalb der Berliner Polit-Blase zu moderieren, in der es häufig ein bisschen aufgeregter zugeht als außerhalb", sagt Hebestreit im Fachmagazin *Journalist*. „Ich habe in meinem Politologiestudium ausgiebig qualitative und quantitative Sozialforschung betrieben. Es kommt schon darauf an, wie ich eine Frage formuliere: Wenn ich frage, ob Deutschland die Ukraine mit schweren Waffen unterstützen sollte, um weitere russische Kriegsverbrechen zu verhindern, werden 90 Prozent zustimmen. Wenn ich frage, ob man für die Lieferung schwerer Waffen einen dritten Weltkrieg riskieren sollte, sieht das ganz anders aus."

Der Regierungssprecher deutet damit auf die ihm eigene charmant-ironische Art an, dass das Epizentrum der politischen Aufgeregtheit, um nicht gleich von Hysterie zu sprechen, zwischen Bundestag und dem Berliner Promi-Restaurant Borchardt liegt. Es gibt den Witz von zwei Reportern, die jeder für sich nach einer Kabinettssitzung mit Ministern aus unterschiedlichen Parteien gesprochen haben. „Meiner hat erzählt, dass die Stimmung überraschend gut war", sagt der eine. „Meiner fand, dass es ziemlich zäh gelaufen ist", sagt der andere. Gucken sich beide an: „Bahnt sich da etwa ein Koalitionskrach an …?"

Der Berichterstattung in Berlin, sagt *T-Online*-Chef Florian Harms, „täte ein bisschen mehr Nüchternheit ganz gut", in diesem Zusammenhang könnten die Medien vom Bundeskanzler lernen. Scholz sei übrigens nicht Teil der Berliner Blase geworden, er bleibe in der Hauptstadt hanseatisch „und das wird hier manchmal auch als überheblich wahrgenommen". Er sei niemand, der sich mit Journalisten SMS schreibe, wie das einige seiner Minister oder Parteichefs machen würden: „Wenn das dauerhaft bei dieser Entfremdung von Scholz und den Hauptstadtmedien bleibt, kann das dem Kanzler schaden. Er wird einen guten Draht brauchen, ganz ohne Zusammenspiel wird es nicht gehen", sagt Harms.

Mehr muss man zur Rolle der Journalisten nicht sagen, es gehört viel Kraft und Mut dazu, sich ihrem Einfluss und ihren Spielregeln zu entziehen. Scholz versucht es zumindest teilweise, er definiert seinen Job nicht über das, was er sagt, sondern über das, was er tut. Und wird dafür sogar von Markus Lanz gelobt, der ihn trotz der genannten anderen Erfahrungen als härtesten Gesprächspartner bezeichnet, den es im politischen Betrieb gibt: „Es gibt ganz wenige Menschen, die die Fähigkeiten mitbringen, den Job als Kanzler zu machen. Olaf Scholz kann das. Er hat die Akten gelesen und er weiß im Zweifel besser als andere, was darin steht. (…) Wenn Krise ist und Olaf Scholz geht nachts ans Telefon, schlafe ich erst mal weiter", sagt Lanz. Die Kommunikation bleibe trotzdem verbesserungswürdig, und sei es nur, um die eigenen Leute zu schonen, die den Kanzler im Fernsehen erklären müssten, Generalsekretär Kevin Kühnert etwa oder der SPD-Vorsitzende Lars Klingbeil: „Ich bemerke eine gewisse Ermattung des Personals, die kommen an ihre Grenzen. Und im Hintergrund heißt es: Oh, jetzt muss ich schon wieder den Kanzler erklären, was könnte er nur gemeint haben?"

Das zu deuten, wird umso schwerer, wenn Scholz seine gefürchteten, weil wirklich arrogant und herablassend wirkenden Antworten herausholt. Beim G7-Gipfel in Elmau im Sommer 2022 hatte eine Journalistin der *Deutschen Welle* den Kanzler gefragt, ob er die Sicherheitsgarantien für die Ukraine konkretisieren könnte, über die die Regierungschefs gesprochen hatten. Scholz sagte: „Ja (Pause), könnte ich (längere Pause), das war's."

Mir ist in der jüngeren deutschen Vergangenheit nur eine Antwort eingefallen, die einen noch ratloser zurückließ. Sie stammt von Bundesinnenminister Thomas de Maizière aus dem Jahr 2015. Damals musste ein Fußball-Länderspiel zwischen Deutschland und den Niederlanden abgesagt werden, weil die Polizei Hinweise darauf hatte, dass es im Umfeld des Stadions in Hannover einen Terroranschlag geben könnte. Mehr wollte oder konnte der Minister auf einer dazu einberufenen Pressekonferenz aber nicht bekanntgeben und deshalb lehnte er die Beantwortung von Fragen mit folgender Begründung ab: „Ein Teil (…) der Antworten würde die Bevölkerung verunsichern."

Let Bartlet be Bartlet

Authentisch und rhetorisch brillant? Warum nicht alle so reden und auftreten können wie Barack Obama

Wenn man mit Steffen Hebestreit lang genug über die Kommunikation von Olaf Scholz spricht und über dessen nicht zu übersehende Rhetorikschwächen, wird er von der amerikanischen Serie „The West Wing" erzählen. Die mag der Regierungssprecher, seine Lieblingsfigur darin ist US-Präsident Josiah Bartlet, dessen Team an einer Stelle überlegt, was man denn alles machen und wie Bartlet sich ändern müsse, damit er medial besser rüberkommt. Dabei fallen vier Worte, in denen sich Hebestreits Selbstverständnis als Regierungssprecher (und vor allem als Sprachrohr von Olaf Scholz) zusammenfassen lässt: „Let Bartlet be Bartlet." Soll heißen: Man kann aus einem Politiker nur begrenzt etwas anderes machen als das, was er ist. Schon gar nicht in einer Zeit, in der sich die Menschen Authentizität wünschen von denen, die sie regieren, und nicht (länger) etwas vorgemacht bekommen wollen.

Der Wunsch, Politiker so zu lassen, wie sie sind, führt aber auch zu einer Kommunikation, wie sie viele an Olaf Scholz kritisieren (und mit der er, wie Steffen Hebestreit gern schelmisch sagt, „eine wichtige Wahl gewonnen haben soll"). Lars Klingbeil hielte es für falsch, wenn der Bundeskanzler versuchte, sich neu zu erfinden. „Ich fand schon im Wahlkampf am schlimmsten, wenn Leute aufgetaucht sind, die Olaf verändern wollten. Vor denen habe ich ihn abgeschirmt", sagt der SPD-Vorsitzende. „Ich bin überzeugt davon, dass Politik, die nur in Inszenierung, in Symbolik, in starker Kommunikation denkt, mittel- und langfristig scheitert." Am Ende setze sich der Politiker durch, der zeige, dass er Substanz hat, dass er tief in den Themen steckt und entscheidungsfreudig ist. „Ein Politiker ist dann stark, wenn er so ist, wie er ist", sagt Klingbeil. Von Olaf Scholz heißt es wie zur Bestätigung: „Ich bin, wie ich bin. Man sollte sich auch nicht verstellen. Es ist der Vorteil unserer modernen Mediendemokratie, dass man jedem ununterbrochen ins Gesicht gucken kann und schon merkt, ob jemand etwas spielt oder so ist, wie er wirklich ist. Ich bin bewegt wie alle anderen und mich ärgern Sachen, klar. Allerdings glaube ich schon, dass ich in der Lage bin, einen klaren Kopf zu behalten. Ich neige nicht dazu, voller Aggressionen gegenüber anderen aufzutreten."

„Ich bin, wie ich bin": Was für nicht wenige politische Beobachter wie eine Drohung klingen mag, ist die Realität. Wie Olaf Scholz sind viele Politiker nicht mit dem Wunsch und der Gabe auf die Welt gekommen, vor TV-Kameras und Mikrofonen sprachlich zu brillieren und anderen Menschen in kurzen Sätzen das Leben zu erklären. Wer in die Politik geht, macht das in der Regel weniger, um darüber zu reden, sondern um etwas zu verbessern, Entscheidungen zu treffen, sich einzubringen. Sprache und Kommunikation sind dabei Mittel zum Zweck und rücken nur deswegen so in den Mittelpunkt, weil wir in einer Mediendemokratie leben, in der der Kampf um Aufmerksamkeit brutale Dimensionen angenommen hat. Grundsätzlich gilt aber der kluge Satz des Bestsellerautors Robin Alexander („Die Getriebenen"), den er vor der Bundestagswahl 2021 in Bezug auf die Spitzenkandidaten der drei großen Parteien gesagt hat: „Viele Leute, die sich nicht jeden Tag mit Politik beschäftigen, werden sich für die Wahl erst kurz vor dem Wahltermin interessieren. Viele werden denken: Eigentlich sind wir mit der Merkel doch gut gefahren. Und dann sagt Annalena Baerbock: Ich bin auch eine Frau. Und Armin Laschet: Ich bin auch in der CDU. Und was sagt Olaf Scholz? Er sagt: Ich war ihr Finanzminister und Vizekanzler. Ich habe gezeigt, dass ich das kann. Es ist ja auch nicht ehrenrührig, dass man bei einer Kanzlerkandidatur die Kompetenz in den Vordergrund stellt."

Wer authentische und kompetente Politiker an den wichtigsten Stellen im Land haben will, bekommt also Menschen wie Angela Merkel und Olaf Scholz, weil man nicht erwarten kann, dass ein Mensch alle Fähigkeiten mitbringt, auch die kommunikativen, die man in der Politik gern hätte. Die Sprache dort hängt viel mit der privaten und beruflichen Sozialisation zusammen. Dass etwa Bayerns Ministerpräsident Markus Söder in der Regel druckreif redet und sich selbst mit einem gefürchteten Moderator wie Markus Lanz Duelle auf Augenhöhe liefert, hängt damit zusammen, dass er früher ein Volontariat beim *Bayerischen Rundfunk* gemacht und dort als Redakteur gearbeitet hat, die Prinzipien der Branche also kennt. Den ähnlich eloquenten Wolfgang Kubicki und Gregor Gysi kommt ihre jahrzehntelange Arbeit als Rechtsanwälte zugute. „Ich bin als Anwalt gewöhnt, anders zu sprechen, auch die Schöffen sollen schließlich verstehen, worum es geht, und das prägt mich wieder", sagt Gysi. „Wir hatten damals in der DDR 600 Rechtsanwälte, die haben wir heute in Berlin allein am Kurfürstendamm. Ich musste früher Mandaten von A bis Z vertreten, vom Professor bis zum Arbeiter, da gewöhnst du dich daran, dass du übersetzen musst, und lernst das."

Als es bei Wolfgang Kubicki während der Verhandlungen zwischen CDU/CSU, Grünen und FDP über eine Jamaika-Koalition nach der Bundestagswahl 2017 so aussah, als könnte er zum ersten Mal in seinem Leben ein Regierungsamt bekommen, kursierte nicht nur in Berlin ein Witz dazu. Wenn Kubicki Minister wird, hieß es, würde er ja künftig weniger verdienen, als er bisher Steuern gezahlt hat ... Der FDP-Mann hatte neben der Politik immer als Rechtsanwalt gearbeitet und entsprechend gut verdient. Einerseits, weil er den Job liebt und der eine „gute Schule für die Politik" sei – Kubickis rhetorische Fähigkeiten haben sich auch in Gerichtssälen ausgeprägt und weiterentwickelt. Andererseits, und fast noch wichtiger, weil er sich nie von seiner Partei und der Politik abhängig machen wollte. „Ich bin nicht hier, um etwas zu werden, sondern um etwas zu bewirken", hat Kubicki einmal in einer Rede auf einem Bundesparteitag der FDP gesagt und das bringt seine Überzeugung auf den Punkt: „Man darf nie existenziell davon abhängig sein, dass man ein Mandat innehat oder die Partei einem Posten verschafft."

Wer behaupte, politische Unabhängigkeit sei nur möglich, wenn man nebenher keinen Beruf ausübe, mache einen Denkfehler, denn: „Wer nur durch die und von der Politik lebt, der ist immer vom Goodwill seiner Parteifreunde abhängig. Der hat immer im Hinterkopf: Nützt mir diese Haltung oder schadet sie mir?“, sagt Kubicki. Vor Wahlen ist er in der Vergangenheit oft gefragt worden, was er denn tun würde, wenn er diesmal keinen Posten bekäme. Kubicki hat jedes Mal geantwortet: „Dann gehe ich wie immer Montagfrüh in meine Kanzlei.“

Auch Friedrich Merz und Renate Künast, beide wortgewaltig und rhetorisch bewandert, sind Rechtsanwälte, wie insgesamt 109 (!) Abgeordnete im Deutschen Bundestag. Olaf Scholz ist von Beruf ebenfalls Jurist, vielleicht ist er, was seine kommunikativen Fähigkeiten angeht, in diesem Fall die Ausnahme von der oben beschriebenen Regel. Ansonsten gilt für den Kanzler aber etwas, das heute auf eine Reihe von Politikern zutrifft. Für sie ist die Politik zum Beruf geworden, ein Beruf, aus dem sie allzu oft nicht wieder herausfinden oder herausfinden wollen. Scholz war vor seiner Wahl zum Bundeskanzler unter anderem Bundesfinanzminister, Erster Bürgermeister und Innensenator in Hamburg, Bundestagsabgeordneter, Bundesarbeitsminister und Generalsekretär der SPD unter deren Vorsitzenden Gerhard Schröder. Wie er werden viele Politiker in Parteien sozialisiert, wenn man so will, lernen sie dort die Sprache des politischen Betriebs und werden sie dann nicht mehr los.

Wie das funktioniert und was daraus folgt, hat einer von Scholz‘ Vorgängern im Hamburger Rathaus sehr plastisch in einem Meinungsbeitrag für die *Süddeutsche Zeitung* geschildert. Der CDU-Politiker Ole von Beust, der nach seiner Zeit als Bürgermeister gern Bundespräsident für die CDU geworden wäre, schrieb über Phrasen in der Politik: „Sie werden meist gar nicht in der bösen Absicht der Verkleisterung oder Vertuschung verwendet. Sie sind Ausdruck der Sozialisation in der Politik. Das liegt zunächst einmal an zwei Dingen: Kein Politiker wird auf Anhieb Spitzenpolitiker. In der Regel dient er sich hoch, meist von der Jugendorganisation über die Kommunalpolitik bis in die höheren Ebenen. Anfänger übernehmen fast zwangsläufig die herrschende Terminologie, um so die eigene Kompetenz zu beweisen (oder vorzutäuschen) – so, wie angehende Mediziner oder Juristen im ersten Semester aus Stolz und Anpassung mit Fachwörtern um sich werfen. Und dann geht man mit tausendmal gebrauchten Formeln kein Risiko ein. Wer ein schlechtes Wahlergebnis ‚ehrlich‘ nennt, geht auf Nummer sicher – würde er von einer Niederlage reden, gar die eigene Trauer, den eigenen Zorn zeigen, gäbe er sich eine Blöße. Ein Verlierer, der sich selber so nennt, verliert Autorität." Man lerne mit den Jahren leider auch, so von Beust, nach den Regeln der Journalisten zu spielen beziehungsweise mindestens deren Spiel mitzumachen: „Wer sich als Politiker dem Ritual verweigert, als Regierungschef nicht die eigene Größe hinausposaunt, als Oppositionsführer nicht die Unfähigkeit der Regierung beklagt, den strafen die Journalisten. Sie nennen dann die Regierung verzagt und die Opposition verschlafen (auch so eine Worthülse); und weil das keiner gerne über sich liest oder hört, machen die Politiker mit und produzieren pünktlich heiße Luft."

Für die Sprache in der Politik wäre es sicher besser, wenn politische Funktionen und Ämter wirklich welche auf Zeit wären (und zum Beispiel niemand mehr 16 Jahre lang Bundeskanzler sein könnte). Gregor Gysi sagt, er sei dafür, dass junge Leute in den Bundestag kämen, dort aber maximal acht Jahre blieben, um dann für acht Jahre beruflich etwas anderes zu machen, bevor sie das Recht hätten, erneut Abgeordneter zu werden. „Sonst glauben sie eines Tages, dass die Druckvorlagen des Bundestages das wirkliche Leben sind, und plötzlich sehen sie selbst aus wie eine Druckvorlage." Sagt ein Mann, aber das nur am Rande, der von 1990 bis 2002 Mitglied des Bundestages war und es seit 2005 ununterbrochen wieder ist.

Ob seine Idee realistisch ist in einer Zeit, in der Politik derart komplex ist, dass man ein paar Jahre braucht, um sich einzuarbeiten und wirklich so sicher in seinen Themen zu sein, dass man darüber vernünftig sprechen kann? In der man sowohl Experte für bestimmte Fachgebiete sein muss als auch jemand, der weiß, wie es in einer Partei mit ihren Gremien läuft, wie man sich hier wie dort Mehrheiten organisiert? Würde man überhaupt genügend Menschen finden, die bereit wären, ihre berufliche Karriere für ein paar Jahre zu unterbrechen, um als Politiker zu arbeiten? In einem Job, der zwar ordentlich bezahlt ist, aber auch belastend, weil man mindestens so viel arbeiten muss, wie man kritisiert wird, weil alles, was man falsch macht, im Zweifel veröffentlicht wird und ein Halbsatz einen Shitstorm inklusive Morddrohungen auslösen kann. Muss man als Wähler nicht manchmal froh sein, dass es überhaupt (noch) Leute gibt, die sich das antun? Ich werde in einem Extrakapitel über einen Besuch im Kanzleramt und beim Bundeskanzler am Ende dieses Buches darauf zurückkommen.

Festzuhalten ist an dieser Stelle, dass Politiker Menschen sind, die normalerweise nie richtig gelernt haben, vor einer großen Öffentlichkeit zu reden. Die Ärzte, Unternehmensberater, Landwirte, Pfleger, Krankenschwestern oder irgendetwas anderes geworden sind in einem Arbeitsumfeld, in dem man sie nicht darauf vorbereitet hat, eines Tages bei *Anne Will* oder *Maybrit Illner* zu sitzen oder live ins *heute-journal* zugeschaltet zu werden. Die Vielfalt der Ausbildungen und Sozialisationen wäre eigentlich eine Chance, wenn der öffentliche Druck und viele der Faktoren und Mechanismen, die wir in diesem Buch erklären, nicht nahezu automatisch dazu führen würden, dass ein Politiker sich anhört wie der andere. Die Gefahr, dass das so kommt, ist so groß, weil sich junge Politiker an denen orientieren, die es geschafft haben, die Ministerpräsident, Minister oder Bundeskanzler geworden sind. Sie lernen, dass man selbst (oder gerade?) ins mächtige Amt des Staates gelangen kann, wenn man so spricht wie Olaf Scholz, und dass all die, die seit Jahren behauptet haben, dass einer wie er nie ganz nach oben gelangt, Unrecht hatten.

Wenn Scholz' kommunikative Art ein Vorbild für kommende Politikergenerationen wird, haben wir ein Problem. Sein Ansatz, niemand anders sein zu wollen als Olaf Scholz, ist dagegen auf jeden Fall nachahmenswert. Authentizität wird am Ende immer PR-Sprech schlagen, genauso, wie die Sehnsucht nach kommunikativen Talenten bleiben wird. Auch wenn die, wie etwa bei Karl Theodor zu Guttenberg, leider immer wieder enttäuscht wird. Ich weiß noch, wie ich die ersten Reden des späteren Verteidigungsministers hörte und beinahe so etwas wie einen Obama-Moment hatte. Auf jeden Fall vereinten sich bei Guttenberg jugendliches und trotzdem souveränes Auftreten mit einer rhetorischen Brillanz und Leichtigkeit, die in Deutschland damals seinesgleichen suchte. Wir alle kennen das Ergebnis.

Es bleibt die Frage, wohin es junge Leute künftig zieht, die in unserem Land etwas verändern wollen und die etwas zu sagen haben. So wie die Klimaaktivistin Luisa Neubauer, die regelmäßig in Talkshows oder Podiumsdiskussionen erfahrenen und gewieften Politikern (meist sind es wirklich Männer) ihre Grenzen aufzeigt, seien es nun Friedrich Merz oder

Olaf Scholz oder Robert Habeck. Dem Kanzler und seinem Vizekanzler ist Luisa Neubauer das erste Mal bei einem *taz-Salon* begegnet, die beiden saßen gemeinsam auf der Bühne. „Das war ein nettes, aber extrem belangloses Gespräch", findet die junge Frau, deren Großmutter auch von einem Treffen mit Scholz erzählen könne: „Der Mythos unserer Familiengeschichte ist, dass meine Oma ihm bei einem Treffen mit ihrer Umweltgruppe auf die Schulter geklopft und gesagt hat: Aus dir wird mal was."

Das gilt zweifelsohne auch für Luisa, mit der Oma Dagmar Reemtsma inzwischen ein Buch („Gegen die Ohnmacht") geschrieben hat, die einzige Frage ist: Was? Den Schritt in die Politik schließt Neubauer, obwohl Mitglied der Grünen, für sich aktuell aus. Sie sagt: „Ich beneide niemanden um sein Bundestagsmandat. Man wird so schnell von diesem System eingesogen und denkt trotzdem, dass man dahin kommt und etwas schafft, was Hunderte andere vor einem nicht geschafft haben. Man unterschätzt, wie schwierig es ist, ein System von innen zu ändern." Und man unterschätzt, wie schnell man sich dann selbst so anhört wie die, denen man eigentlich zeigen wollte, dass es auch anders geht. Ein Phänomen, von dem sich Luisa Neubauer nicht ganz frei machen kann, zumindest weiß auch sie, wie man auf Fragen nicht antwortet. Wobei es sich bei ihr besonders elegant anhört. Bei einem Besuch in der Talksendung von Anne Will wollte die Moderatorin von der Klimaaktivistin angesichts des Kampfes um das Örtchen Lützerath, das am Ende für den Kohleabbau weichen musste, wissen, ob sie überlege, aus der Grünen-Partei auszutreten, von der sie sich in diesem Fall distanziert habe.

Neubauers Antwort: „Das würde jetzt an der Lage von Lützerath überhaupt nichts ändern."

Will hakt nach: „Aber für Sie persönlich vielleicht, für Ihre Glaubwürdigkeit."

Neubauer: „Ich glaube nicht, dass ich ein akutes Glaubwürdigkeitsproblem habe. Ich war die letzten Wochen viel in Lützerath, ich habe viel mitprotestiert. In dieser Sache geht es darum, dass wir als Gesellschaft, als Deutschland …"

Will versucht es noch einmal: „Sie überlegen nicht, auszutreten?"

Neubauer: „Ich überlege, wie wir Lützerath retten können."

„Kriegst du nicht, Alter“

Robert Habeck und die Antwort auf die Frage, ob Politiker vielleicht auch anders sprechen können

Hinterher schrieben die Zeitung, Marietta Slomka habe schmunzeln müssen, als ob dass das größte Kompliment sei, das ein Politiker im deutschen Fernsehen erhalten kann. Die Moderatorin hatte den Vizekanzler zugeschaltet im *heute-journal* zu Gast gehabt, mit ihm über den drohenden Gasboykott aus Russland und über mögliche staatliche Anreize zum Energiesparen gesprochen. Die Geschichte spielt im Juni 2022 und zum Ende des Interviews sagt Slomka: „Manche schlagen eine Energiesparprämie vor, wenn man dann wirklich wenig Gas benutzt, weniger als im Jahr zuvor, dann bekommt man Geld vom Staat als Belohnung.“ Habeck antwortete auf die Frage, die keine war: „Ja, ich weiß gar nicht, ob man alles belohnen muss an der Stelle. Die Preise sind ja so hoch, dass es eigentlich Anreiz genug sein müsste, jetzt Gas zu sparen. Es gibt ‘ne Faustregel, die sagt: Pro Grad weniger Heizen spart man fünf Prozent Energie. Pro zwei Grad dann logischerweise zehn Prozent. Und zehn Prozent von den sehr, sehr hohen Kosten, das ist ja schon Geld. Also, ich finde, der finanzielle Anreiz ist genug im System, und ich will auch nicht in einem Land leben, wo man nur noch sich bewegt, wenn es Geld dafür gibt. Ich glaube, es geht eher darum, wenn ich das mal in meiner Sprache sagen darf, den inneren Schweinehund oder den eigenen blinden Fleck zu überwinden. Also, ich habe auch ‘ne Gasheizung und fragen Sie mich nicht, wann mein letzter hydraulischer Abgleich war. Aber das sorgt schon allein dafür, dass vielleicht 15 Prozent Energie gespart werden können, und wenn man das tut, lauter kleine Maßnahmen, das klingt immer so banal: Der Energie- und Klimaminister Habeck sagt, tauscht den Duschkopf aus, spart 30 Prozent Energie. Hahaha, ein Duschkopf soll uns vor Putin retten? Wenn man aber die Summe sieht, dann kommt doch ganz schön was zusammen. Und das mal 40 Millionen Haushalte. Sagen wir mal, es gelingt jedem Haushalt, oder den allermeisten, zehn Prozent Energie zu sparen, und das mal 40 Millionen, dann macht es 'nen Unterschied. Und darauf setze ich. Es ist jetzt kein Spaß, den wir hier haben, sondern es ist eine ernste politische, gesellschaftspolitische Situation, und wenn wir uns da nicht gegenseitig helfen, kommen wir da nicht durch. Und wenn da jemand sagt, ich helfe nur, wenn ich noch mal 50 Euro krieg, würde ich sagen: Die kriegst du nicht, Alter."

„Sagt der Bundeswirtschaftsminister", fügt Marietta Slomka hinzu, die Habeck anderthalb Minuten am Stück hatte reden lassen, und schmunzelt. Dann war das Gespräch zu Ende und es dauerte wenige Minuten, bis der Jubel bei Habecks Anhängern im Netz losbrach, der sich so zusammenfassen lässt: Hat er Alter gesagt? Er hat Alter gesagt! Es war einer dieser Moment, in der die Sehnsucht nach einem Politiker befriedigt wurde, den man verstehen kann und dem man gern zuhört, weil er nicht so spricht wie ein Politiker. Genau das ist Habecks Alleinstellungsmerkmal, in der Werbung würde man vielleicht sogar sagen: sein Markenkern.

Mit dem Spätberufenen hat Deutschland einen Erklärer Gauck'schen Ausmaßes in der realen Politik, den gerade Intellektuelle dafür feiern, dass man ihm beim Nachdenken zuhören könnte. Tatsächlich beherrscht Habeck die Kunst, Menschen den Eindruck zu vermitteln, sie an wichtigen Entscheidungsprozessen teilzuhaben zu lassen. „Er sagt: Bei mir bekommt ihr auch Zweifel, Abwägungen und Überlegungen", sagt Sebastian Jarzebski, Vorstand der auf politische und gesellschaftliche Kommunikation spezialisierten Agentur „Neues Handeln". Habecks Kommunikationsstil sei der endgültige Bruch mit dem der Ära Merkel gewesen, „in der auch das Sprechen alternativlos gewesen ist: Sie hat kommuniziert, wenn es notwendig war. Der mündige Bürger war gar nicht gefragt, es ging um Sicherheit und Stabilität." Und um „endgültige Gewissheiten", die sich die Menschen von den Politikern erhofft hätten.

„Habeck macht den Leuten klar, dass sie von ihm diese Gewissheiten nicht mehr bekommen werden, einfach, weil es sie nicht mehr gibt", sagt Jarzebski. Das sei eine Stärke des Vizekanzlers, die andere: „Er inszeniert sich sehr alltagsnah, er spricht sehr alltagsnah", bis hin zu „Kriegst du nicht, Alter". Einem Satz, der ja nur deshalb so aufgefallen ist, weil man ihn von einem Politiker in Habecks Position nicht erwartet. Wenn jemand mit einer bestimmten Tradition des Formulierens bricht, die für seine Berufsgruppe üblich war, fällt er auf. Das weiß der Vizekanzler, deshalb spricht er in der Passage aus dem *heute-journal* auch von „meiner Sprache", um dann auf den „inneren Schweinehund" oder „blinden Fleck" zu kommen, Begriffe, mit denen jeder etwas anfangen kann.

Überhaupt wäre es falsch, Habecks Aussagen im Gespräch mit Marietta Slomka auf das letzte Wort, also auf das „Alter", zu reduzieren. Die oben genannten Sätze sind so etwas wie eine Blaupause für die Kommunikation des Grünen-Politikers. Habeck gelingt eine seltene, manche sagen: seltsame Mischung aus Lebenshilfe („pro Grad weniger Heizen spart man fünf Prozent Energie"), Selbstironie („also, ich habe auch eine Gasheizung ..."), Humor („Hahaha") und Überhöhung, indem er ein bekanntes Zitat Angela Merkels aufgreift. Die hatte während der Flüchtlingskrise 2015 gesagt, als die Kritik an ihrer Politik der offenen Grenzen immer schärfer wurde: „Wenn wir jetzt noch anfangen müssen, uns dafür zu entschuldigen, dass wir in Notsituationen ein freundliches Gesicht zeigen, dann ist das nicht mein Land." Habeck sagt sieben Jahre später, in einer neuen Notsituation: „Also, ich finde, der finanzielle Anreiz ist genug im System, und ich will auch nicht in einem Land leben, wo man nur noch sich bewegt, wenn es Geld dafür gibt." Das muss einem erst einmal einfallen, wenn man mal eben ein paar Minuten im *heute-journal* zugeschaltet ist.

Habeck beweise, sagt der Politikwissenschaftler Karl-Rudolf Korte, dass „man erzählerisch erklären kann, ohne Floskeln, mit wenigen Sätzen, die hängen bleiben". Es sei auch sehr gut, dass er Fehler zugäbe: „Das macht seine Entscheidungen nicht nur eloquent, sondern auch nachvollziehbar." Selbst vom politischen Gegner gibt es viel Lob. Peter Altmaier, ehemaliger Kanzleramtsminister und als Wirtschaftsminister der Vorgänger Habecks, sagt: „Wir erleben in der Bundesregierung, welche herausragend gute Rolle Robert Habeck beim Erklären von Politik spielt. Das sehe ich mit großem Respekt. Er vermag die Dilemmata, vor denen er sich sieht, gut darzustellen, sodass die Menschen sich mitgenommen fühlen."

Das klingt, als wäre Robert Habeck der lebende Beweis, dass und wie es in der Politik auch anders geht, oder, um es mit den Worten von Jürgen Kaube, Herausgeber der *Frankfurter Allgemeinen Zeitung*, zu sagen: „Wir leben in der steten Gefahr, dass im politischen Gespräch Argumente nichts mehr zählen, sondern ‚Narrative'. Habeck ragt unter denen heraus, die sich dem als Politiker und politischer Publizist widersetzen. Gesellschaftswissenschaftlich informierte und lebensweltlich grundierte Reflexion prägen seine Äußerungen. In den Zwängen der Politik erkämpft er sich auf beeindruckende Weise Freiräume durch Nachdenklichkeit." Kaube hat entschieden, dass Habeck im Jahr 2023 den mit 20.000 Euro dotierten Ludwig-Börne-Preis erhält, benannt nach dem politischen Publizisten, über den es auf der Internetseite der Ludwig Börne Stiftung heißt: „Seine radikaloppositionelle Kritik verbarg er hinter Humor und poetischen Fiktionen."

Heute ist Robert Habeck der Poet in der deutschen Politik. Er hat schon als Gymnasiast den Gedichtband „Das Land in mir" herausgebracht, seine Doktorarbeit trägt den Titel „Die Natur der Literatur. Zur gattungstheoretischen Begründung literarischer Ästhetizität". Allein beziehungsweise mit seiner Frau schrieb er mehrere Jugendromane, einer, „Hauke Haiens Tod", wurde 2022 für die ARD verfilmt. Will sagen: Robert Habeck ist das Gegenmodell zu den herkömmlichen Politikern, von seiner Sprache ist er wahlweise Erleuchtung oder Provokation. Vor allem ist er ein singuläres Phänomen, ein Ausnahmetalent, auch wenn Außenministerin Annalena Baerbock mit zunehmender Zeit im Amt bestätigt wird, dass sie sich ebenfalls aus den Fesseln und Traditionen der politischen Kommunikation löst. „Sie hat ihre ersten diplomatischen Aufgaben bravourös gemeistert und eine neue wertgebundene Außenpolitik eingeleitet", sagt etwa Politikwissenschaftler Korte. Bei einer Rede vor der UN-Vollversammlung, in der es um die Abstimmung über eine Resolution gegen den russischen Angriffskrieg in der Ukraine ging, sagt Baerbock: „Wenn wir nach unserer Abstimmung nach Hause gehen, wird jeder von uns am Küchentisch unseren Kindern, unseren Partnern, unseren Freunden, unseren Familien gegenübersitzen müssen. Dann muss jeder von uns ihnen in die Augen schauen und ihnen sagen, welche Wahl wir getroffen haben."

Das klingt nach der (lang erwarteten) Wende in der Sprache deutscher Politiker und es sei kein Zufall, dass gerade Baerbock und Habeck so reden würden, sagt Albrecht Plewnia vom Leibniz-Institut für Deutsche Sprache in Mannheim im *SWR*: „Habeck und Baerbock stehen im Zentrum des Interesses, weil sie als Vertreterin, Vertreter der neuen Generation von Politikerinnen und Politikern gesehen werden, die eben gleichzeitig für einen bestimmten gesellschaftlichen Aufbruch steht. Und die Erwartung ist, dass sich das in irgendeiner Weise spiegeln müsste, eben auch im Sprachverhalten." Aber wird sich das durchsetzen? Können einzelne Politiker die Sprache des gesamten Betriebes grundlegend verändern, wenigstens prägen, gegen all die Zwänge und Anforderungen, die im ersten Teil dieses Buch beschrieben wurden?

Eine Antwort ist: Wenn sie erfolgreich sind, schon. Insofern war es ein Rückschlag für die Kommunikation à la Robert Habeck und Annalena Baerbock, dass der eine nicht Kanzlerkandidat geworden ist und die andere sich als aussichtsreich gestartete Spitzenkandidatin nach der Bundestagswahl hinter den kommunikativen Realos Armin Laschet und Olaf Scholz nur auf Rang drei wiederfand. Dazu sagt Experte Plewnia: „Man darf die Wirkung von einzelnen Politikern und Politikerinnen, also die Sprechweise für konkrete Wahlentscheidungen vieler Menschen, nicht überschätzen. Das mag sicherlich im Bereich Nachkommastellen eine Rolle spielen, aber die meisten Wahlentscheidungen werden nach wie vor gefällt aufgrund längerer loyaler Bindungen, aufgrund einer gefühlten Übereinstimmung eines bestimmten kulturellen Settings, das mit einer Partei verbunden wird, und dem, was man selbst für sich wünscht, und Ähnliches."

Es kommt hinzu, dass nicht der Eindruck entstehen darf, dass man die im Fall Habeck unbestrittenen rhetorischen Fähigkeiten benutzt, um damit Inkompetenz und Fehlentscheidungen zu verstecken. Ralf Schuler, seit Jahrzehnten als Journalist Beobachter der Bundesregierung, sagt, dass Habecks Bilanz als Wirtschaftsminister schlechter sei als seine Umfragewerte, die viel mit der Art seiner Auftritte zu tun haben: „Die 2022 gescheiterte Gasumlage ist dem Missmanagement des Bundeswirtschaftsministers in seinem Ministerium geschuldet." Habeck habe bis in die Abteilungen hinein Mitarbeiter ausgetauscht und mit eigenen Gefolgsleuten besetzt, was unter anderem zu der sogenannten „Trauzeugen-Affäre" um seinen Staatssekretär Patrick Graichen führte, den der Wirtschaftsminister am Ende in den einstweiligen Ruhestand versetzen musste. „Es war der eine Fehler zu viel", sagt Habeck zur Begründung, und wer böse ist, hätte diesen Satz auch auf ihn beziehen können. Denn so schön sich vieles von dem anhörte, was der Grüne über Politik erzählte, so unvollkommen war es in der Umsetzung, auf die missglückte Gasumlage 2022 folgte 2023 das Desaster mit dem Heizungsgesetz.

Ulf Poschardt, Chefredakteur der *Welt*-Gruppe, attestiert Habeck, „die Brutalität der Macht ebenso beeindruckend zu exekutieren wie die Melancholie des Leidens daran". Doris Akrap schrieb in der *taz*, dass sie von Habecks „mit vermeintlicher Authentizität kokettierenden Satzgeschossen" krass genervt sei: „Ich krieg Beklemmungen, wo andere in euphorisches Jubelrauschen verfallen, wenn der Wirtschaftsminister wieder irgendwas gesagt hat, was als ‚ehrlich', ‚authentisch', ‚unverklauselt', ‚erfrischend', ‚geradeheraus', ‚stabil', ‚cool', ‚glaubwürdig', ‚König', ‚King', ‚Word!', ‚Genau so!', ‚Das!', ‚Yo!1!', ‚Ich lieb's!', ‚Kanzler!' kommentiert wird. Die Feier des Habeck'schen Ankumpelns und angeblichen Klartextsprechens gleicht inzwischen einer Party im Far Out, einer dieser Sannyasin-Diskos der 1970er und 1980er Jahre, in denen sich nicht nur die Anhänger*innen des Sektenführers Baghwan unter Anleitung von Oshos DJs *far out* erschossen. Aber vor allem haben Habecks Sprachgeschosse nur einen Zweck: die Kritik an seiner Politik in den Schatten zu stellen, Feindbekämpfung mit möglichst wenigen, aber effektiven Schüssen."

Vielleicht endet man bei der Betrachtung der Frage, ob Robert Habeck am Anfang einer neuen politischen Sprachkultur steht oder stehen kann, bei den Triellen. Diese Form der Auseinandersetzung zwischen zwei Spitzenkandidaten und einer Spitzenkandidatin vor der Bundestagswahl 2021 bezeichnete der Philosoph Richard David Precht als „Demokratietheater". Der SPD-Bundestagsabgeordnete Ralf Stegner hat über Theatralik in der Politik seine Doktorarbeit geschrieben und sagt: „Robert Habeck ist ein Meister der kommunikativen Inszenierung. Ich habe mal gesagt, dass man gegen seine Form der telegenen Zerknirschtheit wenig machen kann. Das kommt gut an bei den Leuten, aber ob es das ist, auf das es wirklich ankommt, weiß ich nicht so recht." Denn: „Wenn Sie auf schwerer See unterwegs sind, wünschen Sie sich keinen Kapitän, der gut aussieht und gut reden kann, sondern einen, der das Schiff sicher durch das Unwetter steuert." Letztens hätte ihm wieder eine Journalistin gesagt, erzählt Stegner, dass es so toll sei, wie man Habeck beim Denken zusehen könne. „Ich habe geantwortet: Das ist genau das, was er erreichen will, und bei Ihnen gelingt das offenbar." Und zum viel beachteten „Kriegst-du-nicht-Alter"-Zitat: „Stellen Sie sich nur einmal vor, das wäre vom Bundeskanzler gekommen." Olaf Scholz hatte etwa zur selben Zeit, aus der Habecks Gespräch mit Marietta Slomka stammt, in einem TV-Interview auf die Frage, ob er wie sein Wirtschaftsminister auch Energiespartipps für die Bürger habe, hanseatisch-charmant mit „Nö" geantwortet und war dafür kritisiert worden. Der Vizekanzler beendet ein Statement zum Thema Entschädigungszahlungen mit der bekannten „Alter"-Formulierung und wird dafür gefeiert, so Stegner: „Daran sieht man einmal mehr, dass es nicht dasselbe ist, wenn zwei das Gleiche tun."

Bleibt Robert Habeck also ein Einzelfall, ein rhetorisches Versehen in der nüchternen Sprachwelt der großen Politik, in der es seit Kriegsbeginn in der Ukraine sowieso „eine totale Diskrepanz zwischen dem Anspruch an politische Kommunikation als Selbstheilmittel auf der einen und politischem Handeln auf der anderen Seite gibt", wie es Sebastian Jarzebski formuliert? Hatte Helmut Kohl also recht, dass es einzig und allein darum geht, was „hinten rauskommt", und ist Führung in der Politik, wie SPD-Generalsekretär Kevin Kühnert es sagt, „deutlich mehr als nur das öffentliche Wort und Lautsprecherei"?

Das wird sich zeigen, spätestens bei der Bundestagswahl 2025, bei der Olaf Scholz wieder für die SPD und Robert Habeck trotz der Rückschläge gerade im zweiten Jahr als Wirtschaftsminister erstmals für die Grünen als Kanzlerkandidat antreten will. Dann stünden die Deutschen, was den Politikstil und die Sprache angeht, vor einer Grundsatzentscheidung.

Am besten wäre wahrscheinlich ein Bundeskanzler, der so viel von Politik versteht wie Olaf Scholz und so plastisch darüber reden kann wie Robert Habeck.

Aber den kriegen wir nicht, Alter!

EPILOG

„Vergiss nicht, du bist Bundeskanzler"

Erklär mir einer den Scholz – ein Besuch in Berlin und die Frage, warum man sich Politik überhaupt antut

Wer zu Olaf Scholz möchte, wird von zwei ernst blickenden Polizisten empfangen, die an der Einfahrt des Bundeskanzleramtes stehen. Man muss seinen Personalausweis abgeben und in einer Schleuse wie am Flughafen die Taschen ausleeren, die Jacke ausziehen, am besten auch den Gürtel.

Alles wird durchleuchtet und überprüft, bevor man am Ausgang der Schleuse von zwei anderen Sicherheitskräften abgeholt wird, die einen ins Kanzleramt bringen. Dort ist es an diesem Tag im Dezember 2022 ungewöhnlich laut, die insgesamt rund 850 Mitarbeiter haben eine Weihnachtsfeier, allerdings ohne den Bundeskanzler.

Mit einem Fahrstuhl, der sich hinter grünen, gebogenen Türen verbirgt, geht es in den siebten Stock, wo Olaf Scholz sein Büro hat. Gäste müssen in dem Atrium davor warten, das man von vielen Bildern mit anderen Staatsgästen kennt und in dem sich der Kanzler später fotografieren lassen wird. Der Ort strahlt Größe und Macht aus, als Mensch kann man sich hier oben sehr klein vorkommen. Olaf Scholz misst 1,70 Meter.

Bevor wir Journalisten zu ihm dürfen, wird ein Maskenbildner hereingerufen, der den Kanzler abpudert, wenn er Interviews gibt, bei denen Fotos oder Filmaufnahmen gemacht werden. Das war bei Angela Merkel nicht anders, auch in solchen, nur scheinbar oberflächlichen Fragen ist man im Bundeskanzleramt maximal professionell. Alles, was im siebten

Stock passiert, ist durchgeplant und alles dreht sich um die eine Person, die 16 Jahre lang Merkel hieß und nun Scholz. Er hat nicht nur ihr Büro übernommen, es sieht auch so aus, als sei er gerade erst dort eingezogen.

Das ganze Kanzleramt wirkt in einer fast sterilen Weise aufgeräumt, nirgendwo sieht man einen Fleck, eine abgenutzte Stelle auf dem Teppich, einen Ratscher an der Wand. Das Büro des Kanzlers macht da keine Ausnahme, wobei der Begriff Büro eine Untertreibung ist. Der Raum ist riesig, sicher fünfmal so groß wie Scholz' früheres Arbeitszimmer als Bürgermeister im Hamburger Rathaus.

An den Wänden hängen Fotografien, in der hintersten Ecke steht eine Sofakombination wie ein Ausstellungsstück in einem Möbelhaus, mit dem Unterschied, dass sich offensichtlich noch nicht viele Menschen draufgesetzt haben. Schräg gegenüber befindet sich der Schreibtisch des Kanzlers, auch er ordentlich. Scholz hat seine inzwischen legendäre schwarze Aktentasche, die er überallhin mitnimmt, auf einen Schrank dahinter gestellt, sie ist einer der wenigen persönlichen Gegenstände im Raum. Das Bücherregal daneben ist für einen Mann, der bekanntermaßen gern und viel liest, erstaunlich spärlich bestückt.

Wer Olaf Scholz besucht, wird durch ein Vorzimmer mit zwei freundlich grüßenden Damen und einen kurzen Flur in das Zentrum der Macht geführt, das sich für viele Gäste auf einen eher unscheinbaren länglichen Tisch reduziert, der rechts in der Ecke steht und an dem acht Menschen Platz finden. Hier hat schon Angela Merkel ihre Gespräche geführt, Scholz setzt das fort. „Es gibt keine Sitzordnung", sagt Regierungssprecher Steffen Hebestreit, „nur der Kanzler sitzt immer vorn links."

Zufall oder nicht: Dort saß meist auch die Merkel. Seine Vorgängerin hatte die Eigenart, zumindest Journalisten schnell ein Getränk einzuschenken („Kaffee?"), damit das Gespräch ohne Verzögerung beginnen konnte und die Gäste möglichst nach einer halben Stunde wieder verschwanden. Der damalige Regierungssprecher Steffen Seibert saß mit am Tisch. Er übernahm die Rolle der personalisierten Stoppuhr und machte mehr oder weniger dezente Zeichen, wenn die Zeit sich dem Ende näherte. Das ist bei Olaf Scholz anders, obwohl er in seinem ersten Jahr deutlich mehr Interviews gegeben hat, als es bei Angela Merkel üblich war.

Er nimmt sich gut eine Stunde Zeit für Fragen, ist dabei konzentriert und immer höflich. Die Stimme ist noch leiser, als sie es zu seinen Zeiten als Bürgermeister oder Vizekanzler war, die Mimik noch kontrollierter. Man sagt oft, dass Olaf Scholz in sich ruhe beziehungsweise dass er nie die Ruhe verliere, was eine Stärke in unruhigen Zeiten sei. Aber seine Körperhaltung und seine Bewegungen haben sich verändert, man glaubt, ihm die Last des Amtes anzusehen.

Als Scholz nach dem Ende des Gesprächs zu dem bereits erwähnten Fototermin schreitet, tut er das so langsam, als würde jemand neben ihm hergehen, der ihm immer und immer wieder einflüstert: „Vergiss nicht: Du bist der Bundeskanzler der Bundesrepublik Deutschland."

Dieses Gefühl ist hier im Bundeskanzleramt allgegenwärtig und es wird Olaf Scholz verändert haben, auch wenn er selbst nicht darüber reden will. Das sollen andere tun, findet er, später die Historiker oder Leute, die Bücher schreiben. Scholz sagt, dass er gewusst habe, was auf ihn zukomme, dass all das, was er erlebe, keine Überraschung sei, aber das sind die Dinge für ihn bekanntlich nie. Er benutzt in diesem Zusammenhang gern die Parabel von dem Frosch, der aus einem Topf, in dem kochend heißes Wasser ist, sofort wieder herausspringen würde. Setzt man ihn aber in einen Topf mit kaltem Wasser und erhitzt das langsam, hält es der Frosch darin aus, solange es geht. Auf Scholz übertragen heißt das, dass er durch die Jahrzehnte, in denen er in verschiedenen Ämtern Politiker war, auf die Rolle als Bundeskanzler vorbereitet, dafür gestählt wurde. Es heißt aber auch, dass er sich jetzt in brodelnder Hitze befindet, viel heißer geht es kaum. Und es stellen sich, bei ihm wie bei seinen Vorgängern und anderen Spitzenpolitikern, zwei Fragen: Wie lange hält man das aus? Und, vielleicht noch wichtiger: Warum tut man sich das überhaupt an? Weil man kein Frosch ist?

Zumindest mich hat die Frage beschäftigt, als ich das Kanzleramt wieder verlassen musste (und mir Gesundheitsminister Karl Lauterbach und die damalige Verteidigungsministerin Christine Lambrecht mit schnellen Schritten und ernsten Gesichtern entgegenkamen). Warum arbeitet man rund um die Uhr, weitestgehend fremdbestimmt, lässt sich wie eine Figur von Termin zu Termin schieben („der Bundeskanzler wäre dann so weit"), wird im Vergleich mittelmäßig bezahlt, dafür aber von allen Seiten kritisiert und beschimpft?

Damit wir uns nicht falsch verstehen: Olaf Scholz wollte genau dorthin, wo er jetzt ist, spätestens seit 2018 hatte er einen exakten Plan, wie er in die siebte Etage des Bundeskanzleramtes kommen würde. Man muss kein Mitleid mit ihm haben, das ist sowieso keine Kategorie, wenn man sich mit ihm beschäftigt. Aber wenn man ihn jetzt in der Rolle sieht, von der er geträumt hat, fragt man sich trotzdem: Warum? Und ist irgendwie dankbar, dass es Menschen gibt, die einen solchen Job übernehmen, obwohl sie wissen, dass sie ihn nie wieder loswerden.

Olaf Scholz soll, bevor er Kanzler geworden ist, seine Frau Britta Ernst gefragt haben, ob sie wirklich damit einverstanden sei, dass sie den Rest ihres Lebens bei jedem Schritt außerhalb der eigenen vier Wände von Sicherheitsbeamten begleitet werden. Die Antwort auf diese Frage ist bekannt, die auf die generelle Frage nach dem Warum würde Olaf Scholz wahrscheinlich damit beantworten, dass er es als seine Pflicht ansehe, etwas für das Land und seine Menschen zu tun, und dass er einen Plan habe, wie deren Leben besser werden könne.

Natürlich ist er auch Kanzler geworden, aber das würde er so nicht formulieren, weil er überzeugt ist, dass er es kann. Und ein Stück weit ist er in die Rolle reingerutscht, er, der als Jungsozialist die Welt verändern wollte, dann als SPD-Generalsekretär Gerhard Schröders Agenda-2010-Politik verteidigte, in Hamburg die Elbphilharmonie baute und jetzt mit Russlands Präsidenten Wladimir Putin über Krieg und Frieden sprechen muss.

Es hätte mehrere Momente in Scholz' Karriere geben – das Aus als Bundesarbeitsminister, das G20-Desaster, die Niederlage bei der Wahl des SPD-Parteivorsitzenden –, bei denen er in seinen alten Beruf als Rechtsanwalt hätte zurückkehren können. Nur weil er sich bewusst entschieden hat, in der Politik zu bleiben, so wie der Frosch im Topf, ist er heute dort, wo er ist.

Halb zog es ihn, halb sank er hin und die Zeit, all das zu reflektieren, wurde von Amt zu Amt knapper. Jetzt gibt es sie gar nicht mehr, das Bundeskanzleramt verlangt, dass der Namensgeber wie eine Maschine funktioniert. Zeit zur persönlichen Reflexion und Bewertung ist nicht vorgesehen, vielleicht überlässt sie Scholz auch deshalb gern anderen.

Der preisgekrönte Dokumentarfilmer Stephan Lamby, der den Kanzler und Teile der Ampel-Regierung seit der Wahl im Herbst des vergangenen Jahres mit der Kamera begleitet und mit dessen von Scholz nicht beantworteter Frage der erste Teil dieses Buches begonnen hat, hat noch eine andere Antwort auf die Frage nach dem Warum: „Politiker bekommen permanent gespiegelt, dass sie bedeutsam sind. Dieses Gefühl lässt sie Verletzungen ertragen, die mit ihrem Amt einhergehen, und es kann sie abhängig, ja, süchtig machen."

Bei Olaf Scholz kommt hinzu, dass sein Leben die Politik ist, und umgekehrt. Wenn man ihn fragt, was es denn daneben noch gebe, sagt er zwar, dass er sehr glücklich verheiratet sei, und das stimmt auch. Aber die Frau, mit der er verheiratet ist, heißt Britta Ernst, sie war zweimal Bildungsministerin, erst in Schleswig-Holstein, dann in Brandenburg. Soll heißen: Selbst das Privatleben des Kanzlers hat eine starke politische Seite.

Warum tut man sich das an? Die Frage lässt sich schließlich nicht beantworten, ohne über Eitelkeiten zu sprechen. Natürlich seien alle Bundeskanzler wahnsinnig eitel gewesen, da mache der eher bodenständige, leise und unaufdringliche Scholz keine Ausnahme, sagt Lamby. Auch wenn man ihm nicht vorwerfen könne, sich ins Scheinwerferlicht gedrängt oder eine große Freude daran zu haben, interviewt und fotografiert zu werden, siehe oben.

„Seine Eitelkeit bezieht sich auf die eigene politische Bedeutung und Situationen, in denen er bemerkt, dass er mit dem, was er tut, wirklich etwas bewirken kann", sagt Lamby und erzählt von einem Moment, den er durch Zufall miterleben durfte: „Ich war dabei, als Olaf Scholz mitbekam, dass der chinesische Staatspräsident Xi Jinping nach seinem Besuch in Peking erklärt hatte, dass Wladimir Putin eine rote Linie überschreiten würde, wenn er eine Atomwaffe zündet. Als Scholz das erfuhr, strahlte er über das ganze Gesicht. Das war ein großer diplomatischer Erfolg, der all die langen Arbeitstagen aus Sicht des Kanzlers rechtfertigt."

Wenn man sich also nach einem Besuch bei Olaf Scholz auf die Suche nach der Antwort auf die Frage begibt, warum sich Menschen wie er einen solchen Job antun, landet man genau bei solchen Momenten und der Erkenntnis, dass diese Art der Eitelkeit eine ist, für die man sich nicht zu schämen braucht.

Und am Ende ist es auch gar nicht so schwer, den Bundeskanzler und seine Kommunikation in Zeiten des Krieges zu verstehen. Man muss nur gut zuhören, was ihm wichtig ist, denn das ist seit dem Einmarsch Russlands in der Ukraine dasselbe: Deutschland darf nicht Kriegspartei werden, der Krieg darf sich nicht ausweiten, alle Entscheidungen müssen im Einklang mit den Verbündeten getroffen werden.

Diese Ziele stehen über Scholz' Politik, und weil er sie auf keinen Fall durch unbedachte Äußerungen gefährden will, kommuniziert er meistens so, wie er kommuniziert, am besten gar nicht. Das, was Kritiker als Zaudern empfinden, ist in Wahrheit kein Zaudern, sondern Strategie. Der Diskussionsprozess um die richtigen Entscheidungen laufe umso besser, „je weniger er öffentlich läuft", hat Regierungssprecher Steffen Hebestreit gesagt. Das ist mühsam für alle Beteiligten, aber es reduziert das Risiko einer nicht nur verbalen Eskalation in Zeiten, in denen man sich nicht ausmalen möchte, was eine Eskalation bedeuten könnte.

TEIL 2

... in dem Jörg Quoos erklärt, wie man Politikersprache übersetzt

Von Aufklärung, schonungslose bis z wie zeitnah

Was hinter den häufigsten Politfloskeln wirklich steckt

Wenn Sie es bisher geschafft haben, sind Ihnen schon eine Menge Worthülsen begegnet, mit denen die Politik uns täglich traktiert. Jetzt kommt die hohe Schule des Politsprechs – der Profi-Setzkasten, aus dem Reden des Grauens zusammengebaut sind. In ihm liegen die Begriffe, die entweder in keiner Rede von Politikern fehlen dürfen. Oder die gebraucht werden, um Inhaltsleere gnädig zu verdecken. Oder Begriffe, die abstoßende Brutalität in den Ohren der Menschen irgendwie erträglich machen. So etwas brauchen Militärs, die in den Krieg ziehen. Ihre Euphemismen sind an Zynismus häufig nicht zu überbieten. Auch Konzernlenker benutzen Worte, die sich Heerscharen von Imageberatern über Jahrzehnte mühevoll ausgedacht haben. Sie haben es geschafft, eine völlig neue Sprache zu entwickeln, die mühsam zurückübersetzt werden muss, damit man die Tragweite des Gesagten wirklich versteht.

Aus langer (zuweilen leidvoller) Erfahrung aus Gesprächen mit Regierungschefs, Firmenbossen und hohen Funktionären habe ich die wichtigsten Floskeln und Euphemismen in alphabetischer Reihenfolge zusammengestellt. Und bitte beachten Sie den Warnhinweis: Achtung, das Benutzen dieser Begriffe schädigt Ihre Rhetorik!

Abschalteinrichtung: Ein Begriff, der uns seit der VW-Abgasaffäre wohlvertraut ist. Man könnte auch sagen Betrugseinrichtung oder Betrugssoftware. Würde VW-Managern aber nie über die Lippen kommen. Im Wolfsburger Vorstandsturm heißt der historische Abgasskandal übrigens seit Jahren nur noch: „das Thema Diesel".

Asyltourismus: Ein aus der Mode gekommener Kampfbegriff gegen Migranten. Er negiert die wahren Gründe, warum Menschen ihr Leben riskieren, um nach Europa zu kommen, und suggeriert etwas Angenehmes wie „Urlaub". Sogar Markus Söder gelobte mittlerweile, ihn nicht mehr zu benutzen.

bildungsfern: Ein typischer Euphemismus zum Anbiedern an für die Politik problematische Wählerschichten. Klingt natürlich besser als ungebildet, meint aber dasselbe. Pädagogen halten den Begriff für diskriminierend und finden ihn noch problematischer als ungebildet.

Diätenanpassung: Wenn dieses Wort fällt, freut sich der Volksvertreter. Hier wird nichts passend gemacht, sondern schlicht raufgesetzt. Und wie schön, dass der Begriff Diäten so nach abnehmen klingt. Er stammt aber vom lateinischen Wort „dies" (der Tag) ab. Früher war die Diät ein Sitzungsgeld, das Mandatsträgern tageweise ausgezahlt wurde. Die Diät, mit der die Wampe schrumpfen soll, stammt vom griechischen Wort „diaita" (Lebensweise) ab.

entnehmen: Ein Wort, das besonders für die Tierwelt gar nichts Gutes bedeutet. Wähler sind ja meist Tierfreunde und die dürfen rhetorisch keinesfalls geschockt werden. Sonst droht der Abschuss – und zwar der des kaltherzigen Politikers. Aber es ist einfach so: Es klingt herrlich friedlich, wenn zum Beispiel der Wolf der Kulturlandschaft „entnommen" werden soll. In Wahrheit jagt der staatliche Jäger dem ungeliebten Vierbeiner eine Kugel in den Pelz. Der prächtige Wolf ist dann mausetot und faktisch „entnommen".

erweiterte Verhörmethode: Eine Wortschöpfung, die wir der Administration von US-Präsident George W. Bush zu verdanken haben. Eingeführt nach dem Anschlag auf das World Trade Center beschreibt der Begriff erweiterte Befugnisse der Ermittler. Was nach kompetenter Polizeiarbeit klingt, ist laut Verhörhandbuch tiefstes Mittelalter: Mit der (flachen) Hand ins Gesicht schlagen, an die Wand werfen, mit Wasser und Stoff an den Rand der Erstickung bringen (waterboarding), auf dem Körper Insekten platzieren, Schlaf entziehen, tagelang stehenlassen, auf engstem Raum einsperren und mit lauter Musik beschallen. Ja, Sie haben recht: Man kann dazu auch „Folter" sagen. Gut, dass Barack Obama das Schlimmste davon in seiner Amtszeit zurückdrehen konnte. Mit den „erweiterten Verhörmethoden" hat eine Wiege der Demokratie ihre Unschuld verloren.

Gipfel: Kommt als Flüchtlingsgipfel, Autogipfel oder Coronagipfel daher. Meist eine thematisch überladene Bund-Länder-Veranstaltung, bei der nach ewigen Verhandlungen Dinge beschlossen werden, die eh schon jeder seit Tagen kennt. Medienvertreter stehen sich dabei die Füße in den Bauch und der Beschluss schafft es meist nicht in den Andruck der Zeitungen. Der Kanzler darf das Ergebnis mit müden Augen verkünden und den „gelungenen Kompromiss" feiern. Und trotzdem macht Bayern am Ende meist nicht mit.

Hausaufgaben machen: Man kennt es ja von früher. Wer seine Hausaufgaben machte, war besser in der Schule und der Liebling beim Lehrer. Wenn Politiker „ihre Hausaufgaben" machen wollen, ist mehr zu tun. Es ist die harmlos klingende Analyse des eigenen Versagens, das Wähler teuer ausbaden müssen. Mit schnellem Abschreiben wie in der Schule ist es dabei nicht getan.

Herausforderung: Meint in der Politik meist ein hässliches Problem. Klingt aber irgendwie schaffbar. Es ist zum Beispiel eine Herausforderung, ohne Atomstrom, Braunkohle, Steinkohle, Erdöl und billiges Gas Europas Industrienation Nummer eins zu bleiben. Oder eben doch ein fast unlösbares Problem.

Industriepark: Klingt herrlich nach Freizeit, Natur und klarem Wasser. Meint aber eine Ansammlung von Industriebetrieben, die mehr oder weniger Lärm, Gestank und Verkehr produzieren. So was gehört ja auch zur Industrienation Nummer eins in Europa. Darf aber heute nicht mehr so heißen. Und wo würden Sie lieber wohnen: neben einem Industriepark oder neben einem Industriegebiet? Na, bitte ...

Mitbewerber: Klingt respektvoll, meint aber den nervigen Konkurrenten, der oft die besseren Ideen hat und den man gerne aufkaufen, verdrängen oder plattmachen will.

Migrationshintergrund: Wird bemüht, weil Ausländer oder „stammt aus dem Ausland" irgendwie politisch inkorrekt klingt.

Netzwerk: Meint meist eine Seilschaft, in der man sich im kleinen Kreis Verantwortung, Posten und Geschäfte zuschiebt. Nach dem Motto: In ist, wer drin ist.

Nullwachstum: Ein Klassiker der Polit-Euphemismen, aber in diesen Zeiten immer noch angesagt. Hat natürlich „null" mit Wachstum zu tun, sondern meint: Stillstand oder inflationsbedingten Rückgang. Klingt aber trotz lähmender Krise herrlich dynamisch.

Parteifreund: Politprofis zählen bei diesem Begriff ihre Wertsachen nach. Ja, es gibt echte Freunde in der Politik. Aber Parteifreunde sind im Weg, muss man ausstechen, bei der Presse madig machen oder einfach ignorieren. Jeder im Politikbetrieb kennt diese alte Steigerung: „Feind, Todfeind, Parteifreund ...".

Rückführung: Wer wird nicht gern kompetent geführt? In diesem Fall aber heißt es: im Morgengrauen Koffer packen und zack, zack ins Flugzeug. Leider klingt abschieben, aus dem Land werfen oder loswerden einfach zu hässlich und menschenfeindlich.

schonungslos: Gerne benutzt in Zusammenhang mit „Aufklärung". Wird meist gebraucht, wenn im eigenen Laden großer Mist gebaut wurde. Das „schonungslos" klingt beeindruckend entschlossen. Dabei will jeder nur, dass ganz schnell Gras über die unangenehme Sache/Affäre/Niederlage wächst.

Teamfläche: Fällt dieser Begriff, heißt es: adieu, herrliches Einzelbüro. Tschüss Gummibaum, Familienfotos, Sprüchetafeln und Asbach-Flasche im eigenen Schreibtisch. Teamflächen sind die neuen Großraumbüros, in denen die lieben Kollegen ihren Tisch buchen müssen und auf dem Weg dorthin ihr Büromaterial im kleinen Rollcontainer hinter sich herziehen dürfen.

Transitzentrum: Ein zynischer Euphemismus, der natürlich besser als Einwandererlager klingt. Trotzdem gibt es dort hohe Zäune, Polizei und ganz viel trauriges Elend.

Verantwortung: Wer in der Politik „Verantwortung übernimmt", hat meist einen kapitalen Bock geschossen und lässt schon die Übergangsgelder seiner diversen Ämter ausrechnen. Und wer sie nicht selbst übernimmt, fordert sie gern beim politischen Gegner ein. Als beliebter Allgemeinplatz ersetzt der Begriff in jedem Koalitionsvertrag präzise Absprachen.

Vertrauen: Der vielleicht am meisten vergewaltigte Begriff in der Sprache von Politikern. Abgesehen davon, dass sie selbst in sogenannten „Trust Reports" zu Berufsgruppen immer auf den letzten Plätzen landen (Journalisten übrigens nur unwesentlich besser), ist höchste Vorsicht angezeigt, wenn der Begriff öffentlich fällt. Denn wer Vertrauen reklamiert, hat es oft schon verloren. Strauchelnde Minister, denen der Kanzler nach einer Krise das „Vertrauen aussprechen" muss, sind meist schon politisch tot. Olaf Scholz ließ Anfang Januar über den Regierungssprecher ausrichten, er arbeite „gut und vertrauensvoll" mit der Verteidigungsministerin zusammen. Nur wenige Tage später war sie schon weg.

Wetterereignis: Wer liebt nicht ein spannendes Ereignis? Beim Wetterereignis redet die Politik leider das große Schlamassel schön. Hier ereignet sich ein vollgelaufener Keller, das weggespülte Auto, das abgedeckte Dach. Wenn nicht sogar Schlimmeres, wie die vielen Toten im Ahrtal.

zeitnah: Wer „zeitnah“ sagt, könnte auch sagen „irgendwann“ oder „kann dauern“. So wie der Berliner Flughafen, der zeitnah eröffnen sollte. Wer statt „sofort“ oder „schnell“ „zeitnah“ sagt, will Tempo rausnehmen. Reicht ja auch nach der nächsten Wahl, oder?

zurückbauen: Hier schwingt in Wahrheit die Abrissbirne. Wer „zurückbauen“ sagt, macht gerne platt. Zum Beispiel Kernkraftwerke, lästige Baudenkmäler oder bezahlbaren Wohnraum.

Sind Sie irritiert von so viel Sprachverdrehung? Dann geht es Ihnen wie dem alten Konfuzius, der schon beklagte: „Der niedrige Mensch sucht seine Fehler zu beschönigen.“

Es gilt das umgeschriebene Wort

Wie Politiker mit einem Autorisierungsmarathon gute Gespräche ruinieren können

Es war der 5. Mai 2006, als ich mit Kai Diekmann, dem damaligen Chefredakteur von *Bild*, sehr erleichtert das Weiße Haus in Washington verließ und schon auf dem Weg durch den Park in Richtung Ausgang im Kopf durchging, wie wir das Interview mit George W. Bush beim Transkript vom Tonband denn aufschreiben würden. Der Kommunikationschef im Weißen Haus hatte uns einen Slot von 20 Minuten eingeräumt, aber glücklicherweise ließ es die Weltlage zu, dass der mächtigste Mann der Welt unsere Zeit im Oval Office spontan verdoppelte. Ich fand das angemessen, schließlich sprach Bush quälend lange über die neue Auslegware für den Boden, die seine Frau Barbara persönlich ausgesucht hatte. Außerdem verbrauchte er viele Minuten unserer wertvollen Zeit, um seine Lieblingsgemälde an den leicht gewölbten Wänden seines Büros zu erklären. In meiner Erinnerung ritt auf jedem Ölbild ein Cowboy in den Sonnenuntergang, aber ich mag mich täuschen, schließlich hatte ich gar keine Nerven für den eher schlichten Kunstgeschmack des Texaners. Ich stand gewaltig unter Druck, die ganze komplizierte Weltlage in ein kurzes, nachrichtenstarkes Gespräch mit dem amerikanischen Präsidenten zu packen.

Während wir in einer großen Limousine zurück in Richtung Hotel chauffiert wurden, checkten wir im Fonds unsere Handys und erschraken. Auf der Website des Weißen Hauses war unser Interview mit George

W. Bush bereits veröffentlicht. Im Oval Office mitgeschnitten, mit allen sprachlichen Aussetzern und auch dem Small Talk, der zu Anfang jeden Interviews steht, um die Stimmung zu lockern. Fassungslos lasen wir den Wortlaut unseres Gesprächs, das wir gerade erst mit dem Präsidenten geführt hatten. Willkommen in den USA! Was das Bearbeiten von Interviews angeht, könnte der Unterschied zwischen der anglo-amerikanischen Welt und Deutschland nicht größer sein. Denn bei uns gilt ein ehernes Gesetz für schriftlich veröffentlichte Interviews: Das Gespräch muss stets durch die Autorisierung beim Interviewten.

Es ist immer ein besonderer Moment, wenn man nach einem hochkonzentriert geführten Interview die Stopp-Taste des Aufnahmegerätes drücken kann. Damit ist der offizielle Teil des Gesprächs beendet und es geht in den „Hintergrund", der für uns Journalisten oft noch spannender ist als das aufgezeichnete Gespräch. Wichtige Persönlichkeiten können dann freier sprechen, über Konkurrenten lästern oder sie wagen abenteuerliche Prognosen, die wenige Wochen später in sich zusammenfallen. Das ist aber egal – denn sie wissen, dass nur der aufgezeichnete Teil auf dem Band, redigiert und zusammengefasst, veröffentlicht wird. Ihr Büro wird Stunden später die verschriftlichte Form erhalten und jeder Interviewte hat dann das Recht, das Gesagte zu bearbeiten, Aussagen hinzuzufügen oder zu streichen.

Dieses Vorgehen kann man als Deal bezeichnen, von dem beide Seiten profitieren. Zum einen die Leser, die eine interessante, verdichtete Version lesen können, ohne ermüdende Wiederholungen oder Sätze, die irgendwo beginnen und unterwegs ihr sinnvolles Ende verlieren. Zum anderen profitieren die Politiker, die einen unbedacht formulierten Satz glätten und die Wirkung des Gesagten in Ruhe analysieren können. Und auch wir Medienschaffenden sind auf der sicheren Seite, weil niemand – wenn es Ärger gibt – behaupten kann, er habe so etwas nie gesagt.

Gerade Boulevardmedien wie *Bild*, die sich für große Schlagzeilen nur wenige Worte aus Interviews herausziehen, laufen Gefahr, dass ihre Protagonisten politisch Druck bekommen und sich von ihren Äußerungen distanzieren wollen. Daher ist für alle Leser wichtig zu wissen: Wer in Deutschland in einem relevanten Medium einer seriösen Marke ein schriftliches Interview liest, kann sich absolut sicher sein: Vor der Veröffentlichung hat der Interviewte jedem einzelnen zitierten Wort ausdrücklich zugestimmt.

In der betont medienkritischen Blase aus Corona-Leugnern, Querdenkern, Russland-Verstehern und Pegida-Aktivisten ist es seit geraumer Zeit sehr beliebt zu behaupten, dass die Regierung alle Veröffentlichungen der sogenannten „Systempresse“ kontrolliert. Diese so abenteuerliche wie falsche Annahme sickert langsam auch in bürgerliche Kreise durch, die es eigentlich besser wissen sollten. Nach einem Abendessen zu viert bei den lieben Nachbarn fragte mich die Gastgeberin im stilvollen Landhaus-Esszimmer mit Blick auf den Konzertflügel: „Stimmt es eigentlich, dass ihr alles, was kritisch ist, der Regierung vorlegen müsst?“ Nachdem ich diese Vermutung empört zurückgewiesen hatte und längst wieder zu Hause war, fragte ich mich, wie man in unserer Demokratie ernsthaft auf so eine Vermutung kommen kann. Ich kann es mir nur so erklären, dass die geübte Praxis der Autorisierung bei journalistischen Laien missverstanden wird, und daher ist es wohl sinnvoll, an dieser Stelle für mehr Transparenz zu sorgen und einen Werkstattblick auf unsere Arbeit zu ermöglichen.

Ein vernünftiges Gespräch mit ausreichender Tiefe hat eine Aufnahmezeit zwischen 30 und 60 Minuten. Mehr als eine Stunde Interviewzeit inklusive Foto und Hintergrundgespräch ist bei Top-Entscheidern eher selten. Das Material im Aufnahmegerät ist die politische Rohware. Würden Zeitungen und Portale den Wortlaut veröffentlichen, verstünden viele Menschen unsere Politiker noch weniger, als sie es ohnehin tun. Nach dem Gespräch beginnt erst einmal das anstrengende Transkribieren, für dass es große Nachrichtenerfahrung und ein Gefühl für Sprache und den typischen Duktus des Interviewten braucht. Es gibt in den Verlagen Menschen, die glauben, die künstliche Intelligenz könne das genauso gut. Ich bin da skeptisch und wir werden über von künstlicher Intelligenz redigierte Interviews sicher noch einiges lesen.

Wie ein französischer Affineur hochwertigen Basiskäse mit großem Geschick zu einem Gourmetprodukt veredelt, verdichten gute Journalisten Interviews rund um ihren Nachrichtenkern und machen sie lesbar. Wenn das nicht gelingt, kann das natürlich am Unvermögen der Interviewer liegen. Sehr oft liegt es aber bei den Interviewten, die den Wert der Autorisierung nicht schätzen und ihr Recht missbrauchen.

Zu den gröbsten Fouls zählen wir Journalisten:

- Das Gesagte wird nachträglich ins Gegenteil verkehrt.
- Harte Nachrichten („Ich bin bereit, mit XY zu koalieren") werden in windelweiche Allgemeinplätze verändert („Die Frage von Koalitionen stellt sich derzeit nicht").
- Das Interview wird um Themen erweitert, die gar nicht abgefragt waren.
- Der Interviewte bringt sein Wahlprogramm in Antworten nachträglich unter.
- Der Interviewte gibt den Text an seine Fachabteilungen und lässt einen ursprünglich gut lesbaren und interessanten Text durch die Überarbeitung von Juristen/Medienberatern/Ressortexperten komplett umschreiben.

Auch wenn es diese Fouls gegen journalistische Vollprofis nicht oft gibt, müssen sich Redaktionen darauf einstellen und es gibt es mehrere Eskalationsstufen, auf die man sich als Journalist mit Anspruch begeben muss.

Stufe 1: Beschweren und verhandeln. Eine ungeschminkte Rückmeldung an den zuständigen Sprecher reicht meist, um das Schlimmste verhindern. Hier gilt sportlicher Ehrgeiz, der ehemalige Textchef des *Playboy* Christian Thiele hat es einmal so formuliert: „Wer im Autorisierungsgefecht zu schnell schlappmacht, vorenthält dem Leser gutes Zeug und macht dem nächsten Interviewer die Arbeit noch schwerer, als sie eh schon ist."

Stufe 2: Unerwünschte Phrasen einfach weglassen. Keine Redaktion ist verpflichtet – wenn es vorher nicht anders abgesprochen ist –, ein Gespräch komplett zu veröffentlichen. Passagen, in denen nicht auf Fragen geantwortet, sondern das Wahlprogramm rezitiert wird, gehören nicht veröffentlicht, sondern gelöscht. Hierbei gilt: Immer nur ganze Absätze mit Frage und Antwort tilgen. Wer Teilsätze stehen lässt, verfälscht Interviews.

Stufe 3: Das Interview ist komplett umgeschrieben und hat nichts mehr mit dem geführten Gespräch zu tun? Dann ist bei selbstbewussten Redaktionen die Absage fällig, egal wie beleidigt der Spitzenpolitiker auch sein mag. Kluge Chefredaktionen merken sich so etwas und suchen sich künftig bessere Gesprächspartner. Manche Chefredaktionen binden in einem solchen Fall ihre Leser ein, machen das geplatzte Interview zum Beispiel durch veröffentlichten Leerraum sichtbar. Ich halte wenig von solchen Aktionen. Sie beeindrucken den Interviewten selten und dokumentieren eher das eigene Unvermögen, sich in wichtigen Gesprächen journalistisch durchzusetzen.

Es ist für Medienschaffende verständlich, dass diese Praxis der Autorisierung nicht jedem gefällt. Am Ende ist sie tatsächlich ein Kompromiss, der bislang durch keine bessere Lösung ersetzt werden konnte. Es gab immer wieder Weckrufe, wie 2003 von der damaligen *taz*-Chefredakteurin Bascha Mika, die in ihrer Zeitung schrieb: „Keine journalistische Form ist in den letzten Jahren so verludert wie das Interview. Es suggeriert Authentizität, dabei geht es um Betrug. Betrug am Anspruch einer freien Presse, Betrug am journalistischen Selbstverständnis, Betrug am Leser." So schlimm ist es zum Glück nicht und auch die *taz* autorisiert bis heute ihre wichtigen Gespräche. Aber es ist richtig, immer wieder das gesunde Maß bei diesen Absprachen einzufordern und sich nicht erpressen zu lassen.

Dass es das gibt, hat der damalige Vize-Regierungssprecher Thomas Steg 2008 im Verein der Auslandspresse offen zugegeben und erklärt: „Wer mit der Autorisierungspraxis nicht einverstanden ist, der kriegt keine Interviews – weil genügend Medien dazu bereit sind, dass ihre Interviews autorisiert werden." Für verantwortungsbewusste Medienmacher muss das im Umkehrschluss heißen: Dann eben nicht! Niemand muss seine Glaubwürdigkeit für ein Interview aufs Spiel setzen.

Die Debatte um die Autorisierungspraxis hat in den Redaktionen wieder Fahrt aufgenommen, ausgelöst durch die neuen digitalen Ausspielkanäle. Immer häufiger werden Interviewslots genutzt, um das Interview mit Bewegtbild zu führen und auf dem Portal auszustrahlen. Wie sieht dann die Version im gedruckten Produkt aus? Sprachlich bearbeitet oder wie wörtlich gesprochen? Was denken sich Leser, wenn Wortlaut oder Reihenfolge der Themen im ausgestrahlten Interview abweichen vom Gedruckten?

Zwei unterschiedliche Varianten eines Gesprächs unter einem Markendach werden nie gut funktionieren und hier zeigt sich aus Sicht der

Kundschaft die Stärke der Medienvielfalt im Land. TV-Interviews, ganz besonders im Liveformat, sind spannend, weil sie Wissenslücken, fehlendes Wissen, mangelnde Schlagfertigkeit oder krude Gedanken irreversibel entlarven. Schriftliche Interviews in Zeitungen oder auf Portalen bieten Essenz und durch eine gute Choreografie Lesevergnügen. Und sie meißeln Versprechen in Stein. Man kann sie noch nach Jahrzehnten aus dem Archiv kramen und dem Absender vorhalten, ohne dass er behaupten kann, „das habe ich so nie gesagt". Das verhindert zwar keine Lügen oder Fehlprognosen, aber macht es für den Protagonisten zu Recht schmerzhaft, denn er gefährdet das wichtigste Gut, dass Top-Entscheider haben: ihre Glaubwürdigkeit.

Einen Fehler sollten Journalisten beim Autorisieren von Interviews in keinem Fall machen: nämlich auch die kleinen Beobachtungen jenseits des Wortlauts oder sogar Überschriften mit zur Autorisierung zu senden. Kollegen der *FAZ* führten einmal ein Gespräch mit dem CSU-Politiker Michael Glos und schrieben mit hinein, dass der Landesgruppenchef auf dem Spülkasten seiner Toilette eine Mao-Figur aufgestellt habe. Das Büro von Glos ließ die zugesandte Passage einfach streichen, weil sich der Wirtschaftspolitiker um die Geschäfte mit den Chinesen sorgte. Durch diese Ungeschicklichkeit waren die Kollegen eine vielsagende Beobachtung los.

Zum Schluss dieses Kapitels will ich noch verraten, wie abenteuerlich sich ein führender Regierungschef Europas die Veröffentlichung eines Interviews in der *Bild* vorgestellt hatte.

Es war ein sonniger Februartag im Jahr 2009, als ich, damals Politik- und Wirtschaftschef von Europas größter Zeitung *Bild*, mit meinem Chefredakteur Kai Diekmann in Rom eintraf. Nach längerer Vorarbeit hatte das Büro von Ministerpräsident Silvio Berlusconi einem persönlichen Interview zugestimmt. Das Treffen sollte im Zentrum der italienischen Hauptstadt stattfinden und wir landeten pünktlich mit unserer Maschine am Flughafen Fiumicino. Angekommen im Palazzo begrüßte uns der Regierungschef sehr freundlich und wir starteten den üblichen Small Talk zum Aufwärmen. „Italien hat ja einen herrlichen Palazzo als Sitz für seinen Ministerpräsidenten", begann ich etwas bemüht, aber ich wollte nicht über das Wetter reden.

Berlusconi, der mit Zeitschriften und Fernsehsendern Milliarden gemacht hatte und mit dem AC Mailand einen eigenen Fußballclub besaß, grinste mich an und antwortete: „Das ist nicht der Palazzo der Regierung. Das ist meiner!“ Dann zeigte er aus dem Fenster auf einen Palazzo, der mir in meiner Erinnerung deutlich bescheidener erschien, und sagte: „Der da gehört dem Staat.“ Nachdem also die persönlichen Besitzverhältnisse geklärt waren, stellte Berlusconi, im maßgeschneiderten Zweireiher und auffällig hohen Stiefeletten, seinen Sprecher vor. Der zückte auf Kommando eine ledergebundene Manuskriptmappe und überreichte sie uns. In der Kladde befand sich ein fertig ausgeführtes Interview auf Deutsch zu den Komplexen, die wir – wie üblich – als Wunschthemen für unser Gespräch zuvor an den Regierungssprecher übermittelt hatten.

Kurzum: Der Ministerpräsident hatte sich selbst Fragen gestellt, die er dann schriftlich von seinem Medienberater hatte beantworten lassen. Und Berlusconi erwartete offenbar ernsthaft, dass wir das Ganze einfach so abdruckten. Berlusconi hatte auch eine Idee, wie wir die gemeinsame Zeit – also ohne ein anstrengendes Interview – verbringen sollten. Er klatschte in die Hände und im Büro erschien ein Koch in blütenweißem Arbeitsdress mit frisch gestärkter Kochmütze und servierte auf Holzbrettern knusprige Pizza, die Berlusconi sofort mit den Fingern schnappte und in sich hineinstopfte.

Berlusconi war wenig begeistert, als wir argumentierten, so ein „echt“ geführtes Interview sei ja viel interessanter und er wolle ja sicher auch, dass das in Deutschland gut gelesen werde. Der Hausherr ließ sich nach einigem Geplänkel auf Italienisch mit seinen Mitarbeitern eher widerwillig darauf ein. Offenbar war er Widerrede von Journalisten nicht gewohnt. Also starteten wir doch noch unsere Aufnahmegeräte für das richtige Interview, das Berlusconi kauend und Weißwein trinkend hinter sich brachte. Als wir danach den Palazzo verließen und wieder unter dem blauen Himmel Italiens standen, fragten wir uns: War das nur ein dreister Versuch oder drucken italienische Medien tatsächlich Interviews, die der Regierungschef von seinem Sprecher einfach verteilen lässt?

Die hohe Schule der Teflon-Antworten

Wie man auch auf die kritischsten Fragen antwortet, ohne zu antworten

Dass das Wahlvolk gelegentlich rätseln muss, was denn die gewählte Führung oder die geschätzte Opposition zu drängenden Problemen meint, ist ein bei politisch Interessierten bekanntes Phänomen und von uns Medienmenschen leicht zu erklären: Es gibt im politischen Prozess Phasen, in denen Politiker eine Festlegung scheuen wie der Teufel das Weihwasser. Und das spiegelt sich in Interviews oder TV-Statements. In der idealen Welt der meisten Politiker läuft das Politikmachen nämlich so: Man heckt in internen Zirkeln Kandidaten, Gesetze, Initiativen, Förderprogramme oder Streichpakete aus und präsentiert das Ganze, wenn alles fertig ist und die Quertreiber aus der Partei oder aus der Koalition entweder ruhiggestellt sind oder jeden Widerstand aufgegeben haben. Erst dann gibt es Reden, Pressemitteilungen und Interviews, um die Sache unter das Volk zu bringen.

Politische Kollateralschäden auf diesem Weg zum Ziel bleiben dabei vornehm verhüllt. Zum Glück für uns Journalisten und die Leser gelingt diese Choreografie der Macht nur äußerst selten.

Aber dennoch gilt: Kommunikation aus dem laufenden politischen Verfahren wird von den Machern meist als störend, wenn nicht sogar übergriffig empfunden. Ein besonders gutes Beispiel lieferte Robert Habeck während der internen Beratungen seines verunglückten Heizungsgesetzes ab. Der Bundeswirtschaftsminister ärgerte sich über Kritik an dem „Gebäudeenergiegesetz" und machte dafür ausgerechnet die Presseberichterstattung verantwortlich. In den ARD-*Tagesthemen* platzte dem Minister der Kragen: „Hier ist der Gesetzentwurf an die *Bild*-Zeitung – und ich muss also unterstellen – bewusst geleakt worden, um dem Vertrauen in die Regierung zu schaden." Insofern seien Gespräche der Koalitionspartner „wahrscheinlich mit Absicht zerstört worden, des billigen taktischen Vorteils wegen". Da das nicht versehentlich geschehe, sei er „ein bisschen alarmiert, ob überhaupt Einigungswille" da sei.

Abgesehen davon, dass auch ein Gesetzentwurf der Prüfung durch eine kritische Presse standhalten sollte, zeigt der Vorgang: Politische Entscheider reden viel über Transparenz bei demokratischen Prozessen – aber halten sie selbst nur ganz schwer aus. Ein hochrangiger Minister aus dem Ampel-Kabinett beschreibt diese Haltung uns Journalisten gern so: „Gesetze machen ist wie die Wurstherstellung. Man schaut beim Machen lieber nicht zu, aber wichtig ist, dass die Wurst am Ende gut wird und prima schmeckt."

Sie werden mir sicher beipflichten, dass eine kritische Presse auch das Wurstmachen kontrollieren sollte. Anders wären unappetitliche Skandale rund ums Gammelfleisch im Döner oder salmonellenverseuchte Tiefkühlhähnchen nie ans Licht der Öffentlichkeit gekommen. Und auch beim politischen „Gammelfleisch" lohnt der frühe Blick aufmerksamer Wühlmäuse aus den Redaktionen. Habecks Heizungsgesetz, das erst nach langen öffentlichen Debatten umsetzbar und verfassungsfest wurde, ist dafür vielleicht das beste Beispiel. Der Wurstvergleich ist übrigens alt. Schon Reichskanzler Otto von Bismarck soll gesagt haben: „Gesetze sind wie Würste, man sollte besser nicht dabei sein, wenn sie gemacht werden."

Was aber tun, wenn die Medien mittendrin beim Wurstmachen stören und Interviews wollen? Viel reden und dabei nichts sagen lautet die Lösung für alle, die sich den kritischen Fragen stellen. Aus mehreren Jahrzehnten, in denen ich Interviews mit Spitzenpolitikern führte, kann ich szenetypisch fünf Pseudo-Antworten nachbeten, die auf konkrete Fragen zur vermeintlichen Unzeit gern gegeben werden.

Beginnen wir mit dem Klassiker: „Treten Sie als Kandidat an?" Antwort: „Diese Frage stellt sich zurzeit nicht. Ich bin in dieses Amt gewählt und fülle es mit Leidenschaft aus." Vorteil: Man hat etwas gesagt und sich gleichzeitig alle Optionen offengelassen. Ebenfalls sehr beliebt die Antwort auf die Frage: „Planen Sie eine Steuererhöhung zur Deckung der Ausgaben?“ Antwort: „Zunächst gilt es, einen Kassensturz zu machen. Dabei gilt: Der Staat kann nur so viel ausgeben, wie er einnimmt …“ Hier soll die Binse die Festlegung ersetzen und es ist erstaunlich, wie oft Interviewte mit diesem Trick bei ihren Befragern durchkommen.

Sehr beliebt ist auch die TV-Quoten killende Antwort in der Berliner Runde nach den Wahlen: „Was sagen Sie zu dieser harten Niederlage Ihrer Partei?“ Antwort: „Zunächst möchte ich allen meinen Parteifreundinnen und Parteifreunden für ihr unermüdliches bla, bla, bla …“ Den Rest der Antwort kennen Sie als politisch interessierter Mensch bestimmt. Der Dank an die lieben Parteifreunde, die ja „alles gegeben haben“, mäandert über die erträgliche Antwortzeit hinaus und mit etwas Glück vergisst der Reporter nachzuhaken oder die Selbstkritik kommt doch und gipfelt in dem nächsten Klassikersatz: „Wir werden das Wahlergebnis jetzt in unseren Gremien in aller Ruhe analysieren und diskutieren und anschließend unsere Schlüsse daraus ziehen.“

Die gerechte Strafe für solche gestanzten Antworten ist zum Glück der Umstand, dass ihre Wortschöpfer danach meist viel Zeit in der Opposition haben, um an einer wortgewaltigeren Sprache zu arbeiten. Wir politischen Journalisten haben diese Sätze schon so oft gehört, dass wir sie im Schlaf mitsprechen können und gar nicht mehr vom Band abschreiben müssen.

Eine ganz neue Variante habe ich bei Annalena Baerbock gelernt. Die Frau, die selten um eine Antwort verlegen ist, bekam in einer Talkrunde von ihrem unzufriedenen Interviewer vorgehalten: „Das war aber nicht meine Frage!“ Antwort von Baerbock: „Aber das war meine Antwort.“ Das war frech, aber signalisierte Stärke und Selbstbewusstsein. Die Lacher hatte Baerbock sicher auf ihrer Seite und um die lästige Antwort war sie auch herumgekommen. In spannenden Interviews geht es – man traut es sich kaum auszusprechen, aber es ist wahr – schließlich nicht nur um interessante Antworten, sondern auch um die Frage: Wer kommt im Frage-Antwort-Duell souveräner rüber?

Neben dem wolkigen Nichtssagen gibt es eine andere beliebte Form, um unerwünschte Festlegungen zu vermeiden und kritische Fragen auszutänzeln: Es ist der Frontalangriff auf den Fragenden. Und der geht so: „Ihre Frage enthält nicht zutreffende Unterstellungen und ich denke nicht daran, darauf einzugehen." Oder so: „Bevor Sie solche Fragen stellen, sollten Sie sich erst mal mit der Materie vertraut machen ..." Jetzt heißt es für Profis cool bleiben und weiterbohren. Die wunde Stelle ist aufgespürt. Die meisten Frontalangriffe sind billige Versuche zu bluffen.

Wenn auch diese Antworttaktik nicht hilft und die Not riesengroß ist, bleibt die ultimative Antwort, die nur die kaltblütigsten Entscheider bringen. Sie ist so schlicht wie auch unangreifbar: „Ich kann mich nicht daran erinnern." Vergessen ist menschlich, das kennt man auch in Redaktionen, in denen ständig irgendetwas vergessen wird. Und diese Antwort ist weder für Journalisten noch für Staatsanwaltschaften zu entlarven. Es ist – da sind sich die Olaf-Scholz-Kenner einig – ziemlich sicher kein Zufall, dass der Kanzler diese Antwort auf die bisher heikelsten Fragen in seinem politischen Leben gegeben hat. Es geht um drei Gespräche mit Chefs der Hamburger Privatbank Berenberg und den Verdacht, dass Scholz als ehemaliger Erster Bürgermeister von Hamburg mitgeholfen hat, der Bank aus einer akuten Steuernot zu helfen.

Dass sich ein kluger Kopf wie Olaf Scholz an derart wichtige Gespräche nicht erinnern kann, glaubt man nicht einmal in der eigenen Partei. Aber um diese Antwort, die mit menschlicher Fehlbarkeit argumentiert, kommt selbst der hartnäckigste Untersuchungsausschuss ganz schwer herum. Die Antwort ist zwar unglaubwürdig, aber in der Sache maximal effektiv.

Kommen wir abschließend zur plumpsten Variante der Antwortvermeidung, quasi, wenn alle oben genannten Methoden ausscheiden. Sie lautet: „Ich habe keine Zeit für ein Gespräch." In TV-Interviews funktioniert das nur in Verbindung mit soldatischem Stechschritt direkt an der laufenden Kamera vorbei. Ein breitgebauter Pressesprecher, der sich zwischen Kamera und Chef schiebt, sowie eine wartende Limousine mit Fahrer, besser noch mit grimmig dreinblickenden Bodyguards, sind dabei extrem hilfreich.

Besonders die Kollegen von *Spiegel TV* oder der *heute-show* sitzen auf Tonnen dieses Videomaterials, das gern gesendet wird, auch wenn es mehr die journalistische Hilfslosigkeit als beinharte Investigation dokumentiert.

Ein Großmeister des Blablas

Ernüchternde Momente im Auswärtigen Amt

Wer in über 30 Jahren Hunderte Interviews in der deutschen Spitzenpolitik geführt hat, kennt die beeindruckenden Höhen, aber auch die Tiefen politischer Rhetorik und ist im letzteren Fall auch mit dem flachesten Blabla nicht wirklich noch zu schocken. Aber sogar für Journalisten, die Verständnis dafür haben, dass nicht jedes Interview politische Literatur hergibt, gibt es intellektuelle Schmerzgrenzen. Und einer, der diese Grenzen im Akkord verletzte, saß immerhin im ehrwürdigen Auswärtigen Amt.

Nicht nur Medienleute wissen, dass Außenminister Chefdiplomaten sind. Das heißt: Ihre Worte müssen sorgsam gewägt werden, damit Allianzen halten, Bündnispartner wirklich Partner bleiben und irre Despoten nicht in Schnappatmung fallen und auf den roten Knopf ihrer Raketenarsenale drücken. Großmeister des kontrollierten Wortes mit geringstmöglichem Schadenpotenzial war sicher Hans-Dietrich Genscher, liberaler Bundesaußenminister von 1974 bis 1992.

Der Politikwissenschaftler Franz Walter brachte es im *Spiegel* einmal auf den Punkt: „Von ihm waren Einseitigkeiten, programmatische Absolutheiten, politische Verhärtungen nicht zu befürchten. Genschers Parteitagsreden waren von einer berüchtigten Unschärfe, die noch dem willigsten Delegierten die aufmerksame Rezeption nahezu unmöglich machte. Für seine Interviews besaß er einen Bausteinkasten von rhetorischen Allgemeinheiten. Nie geriet Genscher in die Versuchung, konzeptionell zuzuspitzen, nur selten war er zu bewegen, im politischen Streit Farbe zu bekennen, in Konflikten unmissverständlich Stellung zu beziehen."

Doch sogar Genschers Bausteinkasten der Allgemeinplätze sollte noch getoppt werden, als der Sozialdemokrat Heiko Maas am 14. März 2018 nach der gewonnenen Bundestagswahl in das riesige Ministerium auf der Berliner Fischerinsel einzog. Für den Saarländer war es ein kometenhafter Aufstieg nach einem politischen Leben, das bislang eher von Wahlniederlagen strukturiert war. Maas hatte im kleinen Saarland als Spitzenkandidat der SPD dreimal versucht, Ministerpräsident zu werden. 2009 verlor er mit dem historisch schlechtesten SPD-Ergebnis und Peter Müller von der CDU eroberte die Staatskanzlei. Nach dessen Rücktritt scheiterte Maas 2011 gegen Annegret Kramp-Karrenbauer und 2012 erneut gegen die CDU-Politikerin, nachdem sie die Regierung vorzeitig beendet hatte. Dass er 2013 Bundesjustizminister werden durfte, hatte ihn wohl selbst überrascht.

Der Mann, der bis dahin nicht mal seinen eigenen Wahlkreis gewinnen konnte, wurde nach dem Sieg der SPD bei der Bundestagswahl 15. Außenminister der Bundesrepublik Deutschland. Nicht, weil er erste Wahl seiner Partei war, sondern weil der gescheiterte SPD-Kanzlerkandidat Martin Schulz sich durch cholerische Festlegungen („In eine Regierung von Angela Merkel werde ich nicht eintreten. Ganz klar!") aus dem Rennen um das renommierte Amt geschossen hatte.

Nun also Bundesaußenminister Heiko Maas. Die größten Schlagzeilen produzierte der Sozialdemokrat mit dem ausgeprägten Modebewusstsein zwei Jahre zuvor, ohne dass er dazu hätte sprechen müssen. Nämlich als er sich kurz nach dem Wechsel vom Saarland nach Berlin 2016 überraschend von der Mutter seiner beiden Söhne trennte und mit der Schauspielerin Natalia Wörner ein neues Leben in der spannenden Hauptstadt begann. *Bild* titelte am 14. Februar 2016 damals: Heimliche Liebes-Affäre! Spätestens jetzt kannte jeder den späteren Bundesaußenminister.

Rhetorisch und inhaltlich passte der Minister gut zu seinen Superslim-Anzügen. Als der Iran 2019 westliche Tanker in der Straße von Hormus angriff, feuerte Maas verbal zurück: „Wir müssen zur Kenntnis nehmen, dass es Vorfälle gibt, mit denen man umgehen muss." Nachdem Frankreichs Präsident Emmanuel Macron die NATO als „hirntot" bezeichnet hatte, forderte Maas „einen Prozess, der transatlantische Fragen ins Zentrum nimmt". Und auch bei der UNO-Vollversammlung 2019, wo Maas seine „Allianz der Multilateristen" vorstellen wollte, eine Art Club der netten Nationen, blieb es inhaltlich schmal.

Es sei ein „Netzwerk von Staaten (…) zu bilden (…), die in flexiblen Formaten zusammenkommen, um konkrete politische Herausforderungen anzugehen". Der Journalist Gabor Steingart notierte damals in seinem morgendlichen Newsletter: „Seine weltpolitischen Einlassungen stammen aus dem Tiefkühlregal der ewigen Wahrheiten." Und: „Dieser Minister schmerzt ja nicht – er macht nur so müde. Falls die SPD ihrer wachsenden Bedeutungslosigkeit nachspüren möchte, sollte sie im Außenministerium mit der Recherche beginnen. Hier wird nicht das Feuer eines Willy Brandt geschürt, sondern nur dessen Asche aufbewahrt."

Ich selbst habe an mein erstes Interview mit dem Bundesaußenminister keinerlei Erinnerungen. Es war so flach, dass einfach nichts hängen blieb. Ich weiß nur noch, wie ich gelegentlich diskret auf meine Uhr sah, um zu checken, wann die vereinbarte Gesprächszeit endlich zu Ende sein würde.

Das politische Finale des Heiko Maas hätte nicht bitterer sein können. Der Minister und sein Amt wurden vom Vormarsch der Taliban in Afghanistan komplett überrascht. Während der Außenminister noch Durchhalteparolen formulierte, überrannten die Rebellen Stadt um Stadt. Die chaotische Flucht der deutschen Soldaten aus der afghanischen Hauptstadt Kabul war der letzte politische Tiefpunkt des Ministers. 2022 zog er als einfacher Abgeordneter in den Bundestag ein, nachdem ihm die Partei ein Ministeramt versagt hatte. Nur ein Jahr später gab Maas das Mandat zurück. Offenbar war ihm der Auftrag seiner Wähler ohne das repräsentative Amt des Außenministers egal. Er ist jetzt als Anwalt tätig und Vorsitzender des Verbandes der Saarhütten. Auf der Webseite des Verbandes sind noch keine Reden von Präsident Maas hinterlegt. Zum Glück.

Für mich ist Maas natürlich nur ein besonderer Einzelfall. Tatsächlich gibt es Politiker, die man selbst im Interview spannend und inspirierend findet und denen man auch privat gern zuhört, egal ob man mit ihnen inhaltlich übereinstimmt oder welcher Partei sie zugehören. Bei mir und ganz sicher vielen anderen Kollegen sind oder waren es ganz subjektiv die folgenden und ein Buch über mangelhafte politische Rhetorik wäre gänzlich einseitig, wenn man nicht auf die Ausnahmen verwiese.

CDU: Wolfgang Schäuble

Aus einem Gespräch mit dem erfahrensten und dienstältesten Abgeordneten im Deutschen Bundestag kommt man immer schlauer oder zumindest nachdenklich heraus. Schäuble hat nicht nur Spaß daran, gegen den Strich zu bürsten. Er liebt auch verborgene Spitzen gegen Parteifreunde, die kontroverse Debatte auch bei den hochsensiblen Themen wie Schutz des Lebens und er beurteilt Politik aus einem Erfahrungsschatz heraus, wie ihn kein anderer lebender Politiker in Deutschland mehr hat. Wenn Wolfgang Schäuble am Ende der 20. Legislaturperiode den Bundestag nach über 50 Jahren Mitgliedschaft verlässt, wird er uns im Medienbetrieb schmerzhaft fehlen.

FDP: Christian Lindner

Der langjährige FDP-Chef und jetzige Bundesfinanzminister ist ein schwieriger Gesprächspartner. Er wittert Fangfragen, bevor sie auch nur gestellt sind. Aber er zählt zu den Politikern, die Spaß haben an einem spannenden Interviewgefecht. Lindner retourniert Fragen gern und zwingt zu bester Vorbereitung und hoher Aufmerksamkeit. Dabei kann er in einem Wimpernschlag von jovial auf rhetorisch aggressiv umschalten. Kein schlechtes Mittel, um unerfahrenen Kollegen in Interviews den Mumm zu wirklich harten Fragen zu nehmen. Lindner ist sehr erfahren, auch ein höchst kritisches Interview in seine Wunschrichtung zu biegen. Daher sollte Lindner immer im bewährten Setting „Zange" gestellt werden. Also mit zwei gut vorbereiteten Befragenden, die sich die Bälle geschickt zuspielen, um den Minister doch noch aus der Reserve zu locken.

SPD: Andrea Nahles

Sie hat der Parteipolitik mittlerweile den Rücken gekehrt und verschafft als Chefin der Bundesagentur für Arbeit Arbeitslosen wieder einen Job. Als SPD-Chefin, Generalsekretärin oder Ministerin habe ich sie in Gesprächen als pures Adrenalin erlebt. Nahles zählt zu den Politikerinnen, denen man das Engagement für die Sache in jeder Sekunde abnimmt. Ihr sind Äußerlichkeiten völlig egal und ihr ist es auch nicht peinlich, am Bundestagsmikrofon das „Pippi-Langstrumpf-Lied“ anzustimmen. Sie war die „Trümmerfrau der SPD“ und war am Ende eine Behandlung leid, die in Teilen auch erschreckend frauenfeindlich war. Nahles‘ kämpferische Natur und ihr Spaß an der streitbaren Kommunikation fehlen in der Politik.

CSU: Markus Söder

Der CSU-Chef und bayerische Ministerpräsident ist einer der größten Populisten und kann mit dieser Beschreibung sogar gut leben. Er sieht sich nämlich stets an der Seite des Volkes und das passt zum Selbstverständnis seiner Partei. Was wenige wissen: Söder ist selbst gelernter Journalist und absolvierte Anfang der 1990er ein Volontariat beim *Bayerischen Rundfunk*, wo er bis 1994 als Redakteur arbeitete. Söder hat großen Spaß, sich im Gespräch mit Medien zu messen, auch bei ihm sollte man besser vorbereitet sein. Wer ihn mit Zitaten konfrontiert, die nicht superkorrekt sind, hat schon verloren. Söder ist kein einfacher Gesprächspartner, weil er dank riesiger Erfahrung genau weiß, wie Interviews funktionieren. Journalisten mögen seine Schlagfertigkeit und die Bereitschaft, Dinge so zu formulieren, dass sie am Ende Schlagzeilen bescheren.

Linke: Sahra Wagenknecht

Es ist kein Zufall, dass der Linken-Politikerin so viel Aufmerksamkeit zuteilwird und dass ihr Umfragen ein gewaltiges Potenzial für eine Sahra-Wagenknecht-Partei zusprechen. Wagenknecht fasziniert – nicht nur Medien –, weil sie sich allen Schubladen entzieht. Dass ihr sozialistisches Credo krass mit ihrem Auftritt und dem Lebensstil an der Seite des Genussmenschen Oskar Lafontaine kontrastiert, macht sie noch schillernder.

Außerhalb dieser Aufzählung ist sicher noch Alice Weidel zu erwähnen. Die Fraktionsvorsitzende der AfD zählt zu den wichtigsten Stimmen der Rechten und man hört ihr unweigerlich zu, wenn sie in Talkshows sitzt oder im Bundestag spricht. Sie ist die größte Scharfmacherin im Parlamentsbetrieb. In Interviews, in denen sie auf journalistischer Seite fast immer auf harte AfD-Gegner trifft, ist sie völlig angstfrei. Schon die erfahrensten Journalisten haben sich an ihr die Zähne ausgebissen. Sie passt als moderne Frau mit ihrer Lebensgefährtin, die ihre Wurzeln in Sri Lanka hat, nicht in das Bild der muffigen Tweedsakkoträger vom Schlage eines Alexander Gauland. Diese Mischung aus Faszination und Abscheu, die sie bei vielen Beobachtern auslöst, macht sie für ihre Partei so wertvoll und für die Demokratie so gefährlich. Alice Weidel ist eine Politikerin, die im Sinne unseres Buchtitels tatsächlich auf Fragen antwortet. Aber ihre Antworten sind die falschen.

Ich mag arm sein, aber nicht „sozial schwach“

Wie die Politik mit Sprache ihren Bürgern die Ehre nimmt

Eine der schlimmsten Sprachverbiegungen, die die Politik geschaffen und die von uns Journalisten allzu oft gedankenlos nachgeplappert wird, ist der Begriff der „sozial Schwachen“ in der Gesellschaft. Diese Metapher ist so himmelschreiend falsch wie gleichzeitig hartnäckig im Sprachgebrauch verwurzelt, dass sie hier zwingend ein eigenes Kapitel haben muss.

Wer in Archiven nach dem Begriff „sozial schwach“ sucht, ertappt sie alle. Politiker aus den unterschiedlichsten Parteien, Gewerkschafter, Kirchenleute, Leitartikler. Reden, Interviews, Berichte und wissenschaftliche Beiträge sorgen bei Google mit Stichwortsuche „sozial schwach“ für über sechs Millionen Treffer. Sogar der Bundespräsident, der qua Amt der sensibelste Chefrhetoriker Deutschlands sein sollte, versäumt es, diese zwei Worte seinen Redenschreibern konsequent rauszustreichen.

Ausgerechnet bei der Eröffnung eines Fachkongresses zum Thema „Armut und Gesundheit“ sprach Frank-Walter Steinmeier von „sozial schwächeren Gegenden“ in denen „40 Prozent der Kinder im Kita-Alter schiefe Zähne und Karies“ hätten.

Wir unterstellen dem Bundespräsidenten einmal, dass er Gegenden mit Bürgern meinte, in denen die meisten Bewohner wenig Geld haben. Der Begriff „sozial schwach“ ist nämlich derart diskriminierend und irreführend, dass ihn die Nationale Armutskonferenz schon 2013 auf

Platz 1 der „sozialen Unwörter" gesetzt hatte. Die Konferenz hatte eine Meinungsumfrage unter ihren vielen Mitgliedsorganisationen durchgeführt, um die schlimmsten diskriminierenden Begriffe zu entlarven, die von Journalisten, Politikern und allgemein in der Gesellschaft benutzt wurden. Am häufigsten wurde dabei der Begriff „sozial schwach" genannt. Völlig zu Recht.

Warum sollte auch jemand, der wenig Mittel hat, „sozial schwach" sein? Empathie und Nächstenliebe haben wirklich nichts mit dem Geldbeutel zu tun. Ein russischer Oligarch kann trotz seiner Milliarden, Villen und Superyachten sozial schwächer sein als der ärmste Tropf im ganzen Viertel. Dennoch ist der Begriff nicht totzukriegen und dieses Buch hätte sich schon gelohnt, wenn jeder Politiker diese unglückliche Sinnverdrehung für immer aus dem Wortschatz verbannen würde.

Beim Bund demokratischer Wissenschaftlerinnen und Wissenschaftler ist man mit dem Begriff besonders streng. Die Sonderpädagogin Magda von Garrel sieht ihn sogar in einer Reihe mit „unsozial" oder „asozial". In einer Veröffentlichung für den Wissenschaftlerbund urteilt sie hart: „Sozial schwach" sei kein Begriff, der angemessener, humaner oder hilfreicher als die vormals üblichen Bezeichnungen sei. Obwohl er tatsächlich etwas „netter" klinge, sei tatsächlich sogar eher das Gegenteil der Fall. Die dem Begriff innewohnende „Menschenfeindlichkeit" komme lediglich in einem etwas subtiler formulierten Gewand einher. Aus dem zutreffenden Satz „Die Menschen sind schwach, weil sie arm sind!" könne – und solle offenbar – so die Verdrehung werden: „Die Menschen sind arm, weil sie soziale Defizite haben!"

Tatsächlich ist „sozial schwach" dem Begriff „asozial" – also „nicht sozial" – inhaltlich erschreckend nahe. Das weckt üble Erinnerungen an die Nazizeit, in der „asozial" als Sammelbezeichnung für als „minderwertig" geltende Menschen verwendet wurde. In der DDR machte der problematische Begriff weiter Karriere und wurde diskriminierend gegen alles verwendet, was sich nicht richtig in die sozialistische Gesellschaft integrieren ließ. Dort wurde im Strafgesetzbuch von 1968 diese Begrifflichkeit sogar zur Straftat, nämlich in Paragraf 249 „Gefährdung der öffentlichen Ordnung durch asoziales Verhalten". Vielen ehemaligen DDR-Bürgern ist das als „Asiparagraf" in schlimmer

Erinnerung. Ein Grund mehr, der gegen die Verwendung von „sozial schwach" spricht.

Besonders anschaulich hat die Ratsvorsitzende der Evangelischen Kirche in Deutschland Anette Kurschus bei einer Synode in Magdeburg erklärt, warum Arme eben gerade nicht sozial schwach sind: „Ich halte es für eine riesige soziale Stärke, mit sehr wenig Geld dafür zu sorgen, dass die Kinder ihr Eis und ihren Burger bekommen und beim Kindergeburtstag der Freundin ein Geschenk mitbringen können."

Auf dem Schulportal der gemeinnützigen Robert Bosch Stiftung sprechen Pädagogen davon, dass die beständig wiederholten Begriffe eine klare Zugehörigkeit vorspiegeln, die es nicht gebe. Sie trieben zugleich „den Klassismus in der Gesellschaft voran", so formulierte es die Pädagogin Susanne Schwartz, „indem sie unseren Blickwinkel verengen und soziale Spaltungen vertiefen". Auch deshalb seien Begriffe wie „sozial schwach" oder „sozial bedürftig" im Gebrauch abseits der Forschung problematisch. Neben der Stigmatisierung der materiell armen Seite idealisierten sie die wohlhabende Seite, so Schwartz. Der Begriff „sozial Schwache" spaltet also die Gesellschaft, ein Grund mehr für die Politik, aber auch für uns in den Medien, ihn nicht mehr zu verwenden.

Der streitbare Heribert Prantl von der *Süddeutschen Zeitung* hat sicher nicht immer Recht, aber seine Philippika zum Auftakt des Armutskongresses 2019 sollten wir Journalisten uns hinter die Ohren schreiben. Prantl grantelte wörtlich: „Die sechs Millionen Menschen in Deutschland, die von Hartz IV leben müssen, werden oft als ‚sozial schwach' bezeichnet. Diese Bezeichnung ist eine Beleidigung. Jemand, der keine Arbeit hat, aber eine will und partout keine kriegt und der deshalb jeden Euro dreimal umdrehen muss, der ist arm, aber nicht sozial schwach. Sozial schwach ist allerdings ein Staat, der nicht alles tut, um die Menschen aus der Armut herauszuholen. Und sozial schwach ist der Staat, der den Hilfebedürftigen nicht die Hilfe gibt, die sie brauchen."

Das medienkritische Portal *Übermedien* hat der Verwendung des Begriffes „sozial schwach" einen eigenen Beitrag gewidmet. Die Autorin Lisa Kräher stellte darin die Frage, ob die Beschreibung „sozial schwach" wirklich angemessen ist. Kräher analysiert vor dem Hintergrund der Corona-Pandemie: „Es sind ja genau die, die oft als ‚sozial schwach' bezeichnet werden, die jetzt gebraucht werden. Denen das Prädikat ‚systemrelevant' verliehen wird. Menschen, deren Berufe zumindest monetär wenig Wertschätzung erfahren: Pfleger*innen und Arzthelfer*innen etwa, Kassierer*innen, Bäckereiverkäufer*innen, Erntehelfer*innen. (…) Sie sind nicht ‚sozial schwach', sie zeigen sich – im Gegenteil – in der aktuellen Situation besonders sozial, indem sie ihren Job machen und für andere da sind." Ihr Fazit lautet einleuchtend: „Wer Menschen aus ärmeren Familien oder Stadtvierteln mit einer Bevölkerung, die wenig Einkommen und Vermögen hat, als ‚sozial schwach' bezeichnet, betreibt – um mal bei der Begriffswahl der aktuellen Krise zu bleiben – ‚social degrading'. Er oder sie erniedrigt diese Leute, auch wenn er oder sie das vielleicht gar nicht so meint."

Aber wie sollten wir Journalisten mit Politikern umgehen, die diesen falschen Begriff gebrauchen? Und welche Begriffe sollten wir selbst verwenden? Die Redaktion des *Journalist* hat sich dazu Gedanken gemacht und formulierte in der Rubrik „Floskel des Monats" folgende Empfehlung: „Journalistinnen und Journalisten sollten zum einen die Zitate korrekt als solche kennzeichnen, um sich die Beschönigungen aus Politik und Wirtschaft nicht zu eigen zu machen, und sie zum anderen entkräften. Am besten schreiben Sie das, wofür ‚sozial schwach' tatsächlich steht: *finanziell, wirtschaftlich* oder *ökonomisch schwach* – oder noch besser in drei Buchstaben komprimiert: arm."

Auch wenn der Begriff der „sozial Schwachen" weiter Karriere macht, gibt es die Einzelfälle, in denen auch die Politik den sprachlichen Unsinn erkennt und Konsequenzen zieht. In Berlin, wo man mit Armut tatsächlich besondere Erfahrung hat, fasste die Bezirksverordnetenversammlung des Bezirks Neukölln auf Antrag der Linken schon 2018 den Beschluss: „Das Bezirksamt wird gebeten, in sämtlichen Publikationen und Veröffentlichungen die Formulierung ‚sozial schwach' nicht mehr im Zusammenhang mit armen oder einkommensschwachen Personen zu verwenden. Begründung: Einkommensarmut impliziert keinesfalls eine ‚soziale Schwäche'. Es kann nicht sein, dass Menschen wegen ihrer geringen Kaufkraft als ‚sozial schwach' abgestempelt werden. Häufig sind gerade diese einkommensschwachen Menschen sozial besonders engagiert." Dem ist eigentlich nichts hinzuzufügen.

Vorsicht, jetzt wird's teuer!

Wenn diese Begriffe fallen, will die Politik nur Ihr Bestes - Ihr Geld

„Politiker wollen nur unser Bestes – nämlich unser Geld." Das ist ein böser Spruch aus dem politischen Kabarett, aber er hat durchaus einen wahren Kern. Politik ist nämlich nicht nur das Verwalten des Istzustandes der Demokratie, sondern auch der Drang der Regierenden, das Leben der Menschen stetig zu verbessern. Schon Bismarck hatte die Wichtigkeit sozialer Fortschritte erkannt und führte mit der Krankenversicherung, der Rentenversicherung und der Unfallversicherung wichtige Sozialstandards ein, die bis heute wirken.

Doch bei diesen Bismarck'schen Säulen ist es nicht geblieben. Milliardenteure Leistungen wie beispielsweise Pflegeversicherung, Erziehungsgeld, Leistungen für Asylbewerber und die Mütterrente sind hinzugekommen und die Fantasie der Politik für weitere Leistungen ist schier unerschöpflich. Das ist auch gut so und zeichnet einen modernen Sozialstaat aus. Aber ein Problem bleibt: Alle Leistungen, die der Staat kreiert, um die Menschen besser abzusichern und ihnen das Leben angenehmer zu gestalten, müssen bezahlt werden. Und so ist es ein Gesetz der Logik, das mit üppigen sozialen Leistungen auch der Geldhunger der Politik steigt und Einnahmen erzielt werden müssen. Über Schulden, das Erfinden neuer Abgaben oder das Erhöhen von Steuern und Gebühren. Das ist ein schwieriger Part für die Politik und das mit Abstand heikelste Kapitel der politischen Kommunikation.

„Meine Damen und Herren, wir brauchen dringend Geld und müssen leider Ihre Steuern erhöhen“ ist ein Satz, den in der Politik noch nie jemand so formuliert hat. Wir Wähler werden diesen Satz auch in Zukunft so nicht hören, denn er würde das politische Ende des Absenders bedeuten. Die Politik hat für das Geldeintreiben eine ganz eigene Sprache entwickelt. Wir vernehmen sie, ohne dass wir die Absicht richtig bemerken. Daher sollten Sie schnell Ihren Geldbeutel sichern oder sich um Ihren Job Sorgen machen, wenn Sie in der politischen Debatte einen der folgenden Begriffe hören:

Gebührenanpassung: Um Dinge im realen Leben passend zu machen, werden sie üblicherweise verkleinert oder vergrößert. Niemand wird bestreiten, dass alles passen muss. Will die Politik aber Gebühren – oder auch Steuern – anpassen, gibt es nur eine Richtung: nach oben! Das gilt übrigens auch für Diätenanpassungen.

mehr Eigenverantwortung: Hier müssen Bürger, die staatliche Leistungen beziehen, sofort hellhörig werden. „Mehr“ heißt in diesem Falle eher „weniger“, nämlich weniger Geld. Wer mehr Eigenverantwortung fordert, will Unterstützung zurückfahren oder Förderung streichen. Friedrich Merz schrieb in einem Gastbeitrag für die *Wirtschaftswoche*, worum es geht: „Nicht staatliche Fürsorge, sondern mehr Eigenverantwortung ist gefragt, wenn wir den Herausforderungen der nahen Zukunft gerecht werden wollen.“

Preisanpassung: Herrlich, wenn etwas wirklich „passt“. In diesem Fall wird es aber nur noch teurer. Preise, Gebühren, Abgaben werden vielleicht wirklich angepasst, aber immer nur in eine Richtung: nach oben! Sonst könnte man ja gleich von Preissenkung sprechen. Ein Wort, das leider so gut wie gar nicht in Ansprachen vorkommt.

Gewinnwarnung: Hier warnt niemand vor Gewinnen, es geht um Verluste bei Konzernen in der Krise, und zwar gewaltige.

freisetzen: Ein beliebter Begriff aus der Sprache von Wirtschaftspolitikern und Topmanagern. Was so herrlich nach Freiheit klingt, bedeutet für die „Freigesetzten" am Ende Jobabbau, Entlassung, Arbeitsamt. Wer diesen Begriff auf sich bezogen hört, sollte schnellstens einen Termin beim Arbeitsrechtler machen.

kostenintensiv: Ein beliebter Euphemismus. Gleichbedeutend mit unverschämt teuer.

Soli: Bezeichnet die 1991 beschlossene Ergänzungsabgabe zur Einkommensteuer und zur Körperschaftsteuer, um die deutsche Einheit, die Mehrbelastungen durch den Golfkrieg und die Unterstützung der Länder Mittel- und Osteuropas zu finanzieren. Eigentlich dürfte die Politik gar nicht mehr darüber sprechen. Die Abgabe war nur auf ein Jahr geplant, wurde aber aus akuter Geldnot von allen Bundesregierungen immer wieder verlängert. Heute zahlen noch alle Bürger mit einem Bruttoeinkommen von über 74.000 Euro (ledig) den „Soli". Eigentlich heißt er „Solidaritätszuschlag" und soll dem Soli-Pflichtigen das Gefühl vermitteln, dass er nobel den Schwachen der Gesellschaft hilft. Dabei ist er nur eine weitere Steuer, die wegen verfassungsrechtlicher Bedenken regelmäßig vor Deutschlands höchstem Gericht landet.

Ökosteuer: Auch hier führt die Politik die Bürger sprachlich geschickt hinter die Fichte. Was wie eine Abgabe klingt, um unsere Luft rein und die Flüsse sauber zu halten, hat in Wahrheit Energie nur verteuert, aber der Umwelt wenig gebracht. „Aus Umweltsicht war die Ökosteuer ein Flop", urteilte die Wissenschaftlerin Claudia Kemfert, die im Auftrag des Deutschen Instituts für Wirtschaft die Ökosteuer untersuchte. Die Abgabe half allerdings mit, dass der Rentenbeitragssatz nicht noch stärker anstieg.

Pkw-Maut: Heißt amtlich „Infrastrukturabgabe" und war bereits gesetzlich beschlossen, trat dennoch nie in Kraft: Das Lieblingsprojekt des ehemaligen Bundesverkehrsministers Andreas Scheuer scheiterte, wie viele Juristen in Deutschland vorausgesehen hatten, am geltenden EU-Recht. Scheuer hatte den abenteuerlichen Plan, nur Ausländer heranzuziehen und den deutschen Autofahrern die Steuer zurückzuerstatten.

Das war klar diskriminierend, wie der Europäische Gerichtshof im Juni 2019 wenig überraschend feststellte. Wenn der Begriff „Pkw-Maut" heute noch fällt, geht es meist um politische Rückzugsgefechte und Schadenersatzansprüche der Betreiberfirmen, mit denen ohne Abwarten der europäischen Rechtsprechung Verträge geschlossen wurden. 243 Millionen Euro hat das Scheuer-Debakel den Steuerzahler bislang mindestens gekostet.

Schöne Begriffe machen noch keine schöne Politik

Der peinliche Trend zum wohlklingenden Gesetz

Ein altes deutsches Sprichwort lautet: „Wenn der Kaufmann preist den Wein, wird es guter Essig sein." Damit war Werbung gemeint, die uns in immer neuen Wortkreationen Produkte schmackhaft macht, die wir oft weder brauchen noch ohne gigantischen Marketingetat irgendwie interessant finden würden. Dank Werbung stellen wir uns Häuser und Wohnungen mit Dingen voll, von denen wir Tage zuvor noch nicht ahnten, dass es sie überhaupt gibt, und sind manchmal sogar glücklich damit. Dass gutgemachte Werbung funktioniert, hat mittlerweile auch die Politik beim Kreieren von Gesetzesnamen für sich entdeckt.

Früher war alles besser, da klangen Gesetze noch richtig bedeutungsschwer, auch wenn es um Banalitäten ging. Unvergessen das „Rindfleischetikettierungsüberwachungsaufgabenübertragungsgesetz", die „Vermogenszuordnungszuständigkeitsübertragungsverordnung" oder die „Grundstücksverkehrsgenehmigungszuständigkeitsübertragungsverordnung". Niemand konnte das zwar unfallfrei aussprechen, aber das hat auch niemanden gestört. Nicht die Politik und auch nicht die Bürger. Gesetze waren etwas zutiefst Seriöses und je komplizierter sie klangen, desto besser mussten sie sein. Kein Wortungetüm konnte zu lang sein, als dass Behörden und Ministerialbürokratie nicht damit umgehen oder es in zungenbrechende Abkürzungsmonster verwandeln konnten. Der einsame Längenrekord lag bei der „InstallateurHeizungsbauerMstrV", der „Verordnung über das Meisterprüfungsberufsbild und über die Prüfungsanforderungen in den Teilen I und II der Meisterprüfung im Installateur- und Heizungsbauer-Handwerk“.

Seit einiger Zeit ist das anders. Wer abends die Fernsehnachrichten einschaltet, sollte besser checken, ob er noch den Werbeblock oder schon die Tagesschau hört. Diese Grenzen sind nämlich – zumindest sprachlich – fließend geworden.

Mit besonderer Fantasie versucht die Politik, ihre Gesetze mit klangvollen Namen positiv zu „framen“, so sieht es der Sprachwissenschaftler Dr. Simon Meier-Vieracker von der Technischen Universität Dresden in einem lesenswerten Beitrag für *web.de*. Er beobachtet seit Längerem, wie mit der Namensgebung von Gesetzen Politik gemacht wird.

„In der Politik versuchen die Akteure Begriffe zu prägen, um ihre Perspektiven durchzusetzen“, erklärt Meier-Vieracker. Denn bei jedem Wort werden in unserem Kopf Bilder erzeugt. Deshalb macht es auch einen Unterschied, ob wir von „Flüchtlingswelle“ oder „Flüchtlingsbewegung“ sprechen oder von „Klimawandel“ oder „Klimakatastrophe“. Denn die Begriffe sind unterschiedlich verknüpft, lösen mal Unbehagen, mal Beruhigung aus.

Erste Großmeisterin des positiven Framings war Bundesfamilienministerin Franziska Giffey, die nach kurzer Amtszeit als Regierende Bürgermeisterin von Berlin jetzt „Supersenatorin“ für Wirtschaft, Energie und Betriebe in der Hauptstadt ist. Giffey legte eine ganze Reihe von Gesetzen vor, die nichts weniger als Glück, Gerechtigkeit und großzügige staatliche Leistungen versprechen. Die Gesetze tragen klangvolle Namen wie „Starke-Familien-Gesetz“, „Gute-Kita-Gesetz“, „Qualifizierungschancengesetz“ oder „Familienentlastungsgesetz“.

Man mag sich gar nicht vorstellen, dass Gesetze mit derart wohlklingenden Namen das sind, was Gesetze nun einmal oft sind: nämlich fehlerhaft, ungerecht oder sozial unausgewogen. Und dieses Framing wirkt, vorausgesetzt, wir Medienschaffenden spielen das Spiel mit. Redaktionen, die diese Begriffe einfach übernehmen und sogar die Anführungszeichen weglassen, beteiligen sich willfährig an dieser Gesetze-PR, die wohl erst ganz am Anfang steht.

Auch bei der CDU hat man den Marketinggedanken schnell verstanden. Der damalige Bundesgesundheitsminister Jens Spahn nannte sein erstes Gesetz „Versichertenentlastungsgesetz“ und legte mit dem „Faire-Kassenwahl-Gesetz“ gleich noch einen drauf. Der damalige Bundesinnenminister Horst Seehofer (CSU) wollte nicht nachstehen und erfand das „Geordnete-Rückkehr-Gesetz“. Das klang natürlich deutlich humaner als „Zack-zack-nach-Hause-Gesetz“, aber meinte eben doch für abgelehnte Asylbewerber nichts anderes. Der Hauptpreis für Gesetzes-Euphemismen geht allerdings an einen SPD-Politiker. Der rührige Bundesarbeitsminister Hubertus Heil erfand die „Respekt-Rente“, zu deren Namen man nur sagen kann: Respekt vor so viel Mut zum Eigenlob!

Die Idee, sprachlich ein Lob in das eigene Gesetz einzubauen, ist – ganz egal, aus welcher Ecke es kommt – bemerkenswert dreist und gleichzeitig effektiv. Welcher Leitartikler wird ein „Gute-Kita-Gesetz“ schon auf seine Defizite hin zerpflücken wollen? Wenn etwas so angenehm positiv klingt, wird es mit der Kritik deutlich schwerer. Die Opposition kann sich in diesem Fall nur noch in die Ironie flüchten. Für die FDP, damals noch nicht in der Ampel, weil man ja lieber „nicht regierte als schlecht regierte“, benannte die stellvertretende Parteichefin Katja Suding das „Starke-Familien-Gesetz“ um in „Starke-Bürokratie-Gesetz“. Aber in der Politik wie im Journalismus gilt leider gleichermaßen: Ironie wollen nur ganz wenige Bürger verstehen. Also ist bislang kein echtes Mittel gegen die bunten Gesetzesverpackungen gefunden und es liegt an uns Journalisten, das Schlimmste zu verhindern.

Die neue Kunst der schönen Gesetzesnamen beherrscht übrigens nicht nur die Bundespolitik. Auch in den Ländern basteln kreative Geister an Namen wie bei Hessens „Versammlungsfreiheitsgesetz“, das besonders die Befugnisse der Polizei und weniger die Rechte von Demonstranten stärkt.

Wir sollten nicht zulassen, dass eines Tages Robert Habecks „Wohlige-Wärme-Wendegesetz“ in die zweite Lesung geht. Oder Cem Özdemirs „Esst-mehr-Gemüse-Gesetz“ rechtskräftig wird oder auch das „Schöner-Leben-mit-Hanf“-Gesetz von Bundesgesundheitsminister Karl Lauterbach. Medien dürfen sich diese Marketingsprache nicht aufzwängen lassen, wenn sie weiter ernst genommen werden wollen. Zumindest für den Begriff „sogenannt“ muss print wie online immer noch Platz und Zeit sein. Sonst wird man zu Recht verdächtigt, „denen da oben“ zu viel durchgehen zu lassen.

Die Mutter aller Blabla-Reden

Die Geschichte einer Stammelrede, die zum Kult wurde

Um es gleich vorneweg zu sagen: Edmund Stoiber war ein starker Ministerpräsident Bayerns, ein erfolgreicher CSU-Chef, der für seine Partei über 60 Prozent holen konnte, und er zählte menschlich ganz sicher zu den angenehmeren Vertretern der Politik. Ein Mann mit Sinn für Familie und Zerstreuung im heimischen Reihenhausgarten, wie er selbst in einem TV-Interview beschrieben hat: „Ich habe mir angewöhnt, dass ich jeden Tag in der Früh in den Garten schau und vielleicht eine Blume hinrichte. Ansonsten sag ich meiner Frau, was ich alles tun würde, und dann macht sie es beziehungsweise mit dem Gärtner zusammen."

Aber der Mann, der sogar fast Bundeskanzler geworden wäre und darauf „ein Glas Champagner" aufmachen wollte, hat sich mit einer einzigen Rede in das Geschichtsbuch der unglücklichsten Rhetoriker eingeschrieben. Selten wurde über eine frei formulierte politische Botschaft so gelacht wie über Stoibers Rede beim Neujahrsempfang der CSU am 21. Januar 2002.

Bayerns Ministerpräsident wollte für eine schnelle Verbindung zum neuen Münchener Flughafen im Erdinger Moos werben. Dort war 38 Kilometer von der Innenstadt entfernt der schicke Superflughafen „Franz-Josef-Strauß" entstanden, aber die Anbindung war schlecht und dauerte viel zu lange. Siemens und ThyssenKrupp hatten die Lösung dieses Verkehrsproblems entwickelt: den Transrapid, eine Hightech-Magnetschwebebahn, die den Flughafen und die Innenstadt theoretisch mit hohem Tempo in nur wenigen Minuten hätte verbinden können.

In diesen Superzug hatte sich der reisefreudige Ministerpräsident regelrecht verliebt und vor seinen treuesten Anhängern wollte er die Zustimmung zu dem Millionenprojekt klarmachen. Allerdings machte Stoiber einen großen Fehler. Er verließ sich nicht auf ein ausgearbeitetes Manuskript seiner Staatskanzlei, sondern sprach völlig frei. Das Thema war ihm offenbar so vertraut, dass er auf Redenschreiber verzichten wollte.

Und dann nahm das Verhängnis seinen Lauf. Stoiber setzte an:

„Wenn Sie vom Hauptbahnhof in München mit zehn Minuten, ohne dass Sie am Flughafen noch einchecken müssen, dann starten Sie im Grunde genommen am Flughafen am … am Hauptbahnhof in München starten Sie Ihren Flug zehn Minuten – schauen Sie sich mal die großen Flughäfen an, wenn Sie in Heathrow in London oder sonst wo, Charles de Gaulle in, äh, Frankreich oder in, äh, in … in Rom, wenn Sie sich mal die Entfernungen ansehen, wenn Sie Frankfurt sich ansehen, dann werden Sie feststellen, dass zehn Minuten Sie jederzeit locker in Frankfurt brauchen, um Ihr Gate zu finden."

Die versammelte Runde wurde immer stiller und Stoiber setzte seinen wirren Vortrag fort.

„Wenn Sie vom Flug, äh, vom Hauptbahnhof starten. Sie steigen in den Hauptbahnhof ein. Sie fahren mit dem Transrapid in zehn Minuten an den Flughafen in an den Flughafen Franz-Josef Strauß, dann starten Sie praktisch hier am Hauptbahnhof in München – das bedeutet natürlich, dass der Hauptbahnhof im Grunde genommen näher an Bayern, an die bayerischen Städte, heranwächst, weil das ja klar ist, weil aus dem Hauptbahnhof viele Linien aus Bayern zusammenlaufen."

So weit der Kern der Rede, die bis heute Kult ist. Kein politischer Vortrag im Nachkriegsdeutschland hat Comedians, DJs, Kabarettisten und andere Spaßvögel derart beschäftigt wie Stoibers Transrapidrede. Es hat eine Weile gedauert, bis Edmund Stoiber selbst darüber lachen konnte. Aber am Ende nahm er sich tatsächlich selbst dafür auf den Arm und verarbeitete das rhetorische Desaster in einem Clip mit dem Schauspieler Christoph Maria Herbst alias „Stromberg". In dem Beitrag spielt Stoiber einen Vertreter für Espressomaschinen und pries diese selbstironisch mit Versatzstücken aus seiner Gagarede an.

Man hätte den Bayern gewünscht, Stoiber wäre es gelungen, die Öffentlichkeit, Land und Bund vom Transrapid zu überzeugen. Bis heute braucht man nämlich vom Hauptbahnhof bis zum Münchener Flughafen immer noch 45 Minuten und muss an 14 Stationen halten. Von Stoibers „zehn Minuten" aus der Transrapidrede dürfen Flugreisende weiter träumen. Niemand weiß, ob der Transrapid mit einer wuchtigen, fehlerfreien Rede vielleicht doch gebaut worden wäre.

Aber nicht nur die Flughafenrede Stoibers zeigt, wie gefährlich Reden ohne Manuskript sind für einen Politiker, für den die Syntax der deutschen Sprache ein größerer Gegner war als alle Grünen- und Linken-Politiker zusammen. Stoiber war in seiner Zeit als aktiver Spitzenpolitiker ein zuverlässiger Lieferant von unfreiwilligen Kalauern, zu denen auch seine kurze Rede auf einen wilden Bären in Bayern zählt.

Im Mai 2006 machte ein italienischer Braunbär namens Bruno aus dem italienischen Naturpark Adamello-Brenta den verhängnisvollen Fehler, sich auf Wanderschaft Richtung Bayern zu begeben.

„JJ1", wie ihn Tierforscher wissenschaftlich nannten, benahm sich im Gebiet des Spitzingsees daneben und riss Schafe und Hunde. In der Bevölkerung entstand große Unruhe über das ungewohnte Bärentreiben und die CSU-geführte Staatsregierung, stets treu an der Seite der Landwirte, musste handeln. Und Ministerpräsident Stoiber persönlich versuchte, die Abschussfreigabe in einem TV-Statement wie folgt moralisch zu begründen: „Der normal verhaltende Bär lebt im Wald und geht niemals raus und reißt vielleicht ein bis zwei Schafe im Jahr. Wir haben dann einen Unterscheid zwischen dem normal sich verhaltenden Bär, dem Schadbär und dem Problembär. Und, äh, es ist ganz klar, äh, dass dieser Bär ein Problembär ist. Und es ist im Übrigen auch im Grunde genommen durchaus ein gewisses Glück gewesen. Der hat um 1 Uhr nachts praktisch diese Hühner gerissen. Und Gott sei Dank war in dem Haus, war also jedenfalls, ist das nicht bemerkt worden. (...) Stellen Sie sich mal vor, die Leute wären raus und wären praktisch dem Bären begegnet. Was da hätte passieren können."

Anders als bei der Transrapidrede war Stoiber mit dieser politischen Begründung erfolgreich. Vier Jäger, deren Namen wegen der Todesdrohungen militanter Tierfreunde bis heute geheim sind, erlegten den Problembären in der Nähe der Rotwand am Spitzingsee. Der Kadaver wurde präpariert, die Einschusslöcher gestopft und seit dem 27. März 2008 ist der tote Bruno im Schloss Nymphenburg im Museum Mensch und Natur ausgestellt.

Edmund Stoiber ist ein exzellentes Beispiel dafür, dass man es mit guter Politik auch mit rhetorischen Defiziten weit bringen kann.

So glaubte Edmund Stoiber zu Recht auch daran, politisch ganz oben ankommen zu können, im Berliner Kanzleramt. Dazu brauchte es natürlich den Schulterschluss mit der Schwesterpartei CDU, den Stoiber mit weiteren legendären Worten beschwor: „Es muss zu schaffen sein, meine Damen und Herren. Wenn ich die CSU ansehe, die Repräsentanten dieser Partei, an der Spitze in den Ländern, in den Kommunen, dann bedarf es nur noch eines kleinen Sprühens sozusagen, in die gludernde Lot, in die gludernde Flut, dass wir das schaffen können. Und deswegen in die lodernde Flut, wenn ich das sagen darf."

Auch wenn Stoibers Sprachzentrum die „lodernde Glut" noch fand, ging für die Union die Bundestagswahl am 22. September 2002 verloren.

Man kann über Stoibers unvergessliche Bonmots lachen, man kann als Politiker aber auch aus ihnen lernen. Wie vermeidet man das häufige „äh", Stoibers Markenzeichen, das ihm sogar den Spitznamen „Äh dmund Stoiber" einbrachte?

Von Sprachwissenschaftlern und Rhetoriktrainern werden dazu unter anderem folgende Ratschlage angeführt, und sollten sich Politiker hier unter den Lesern finden, will ich ihnen diese gern mit auf den Weg geben:

1. Es lohnt sich, Gesten in Vorträge einzubauen. Mit Händen und Armen lässt sich das Gesagte betonen und die Bewegungen sollen dem Gehirn helfen, die richtigen Formulierungen zu finden.
2. Man sollte vor Reden versuchen, sich komplett zu entspannen. Mit Atemtechnik, einem kleinen Spaziergang, aber keinesfalls mit einem Cognac. Wer unter Druck spricht, dem entschlüpft viel schneller ein „äh", als wenn er entspannt ist.

3. Pausen machen. Wer sich auf diese Weise Zeit zum Nachdenken gibt, braucht keine Füllwörter, um Bedenkzeit zu schinden.
4. Die Rede bei einem Test aufnehmen. Das machen sogar Rhetorikprofis, wenn es wirklich wichtig wird. Beim Abhören werden schnell rhetorische Schwachpunkte klar.
5. Kurze Sätze bilden. Wer in Schachtelsätzen spricht, läuft Gefahr, am Ende das rettende Verb nicht mehr zu finden.

Vom „kleinen Mann“ oder „nahe bei den Leuten“

Wenn Politiker ganz volksnah sein wollen

Vom ärgerlichen Bild von den „sozial Schwachen“ war in diesem Buch schon die Rede, aber die Politik pflegt noch mehr Metaphern, deren Verwendung in Bezug auf Bürger nur peinlich und keinesfalls angemessen ist. Eine hält sich seit Jahrzehnten und taucht besonders in rechtspopulistischer Rhetorik wieder verstärkt auf: Die Rede ist vom „kleinen Mann“, dem seit Jahrzehnten im Bundestag, auf Wahlkampfveranstaltungen und in Talkshows gehuldigt wird und von dem eigentlich niemand genau weiß, wer das denn sein soll.

Dabei kennt der „kleine Mann“, der im Begriff der „kleinen Leute“ korrekt gegendert daherkommt, keine Parteigrenzen. AfD-Vordenker Alexander Gauland versprach schon 2016: „Wir sind eine Partei der kleinen Leute.“ Dabei haben Wissenschaftler des Instituts der deutschen Wirtschaft die Agenda und die Mitgliederschaft der AfD längst seziert und kommen zu dem Schluss, dass die AfD viel eher eine Partei der Besserverdienenden ist.

Auch Markus Söder, Bayerns Ministerpräsident, scheint den „kleinen Mann“ zu kennen und versprach, wie auch sein Vorgänger Horst Seehofer, sich um ihn zu kümmern. „Die Leberkäs-Etage“ – so der selige Franz Josef Strauß –, war halt schon immer die Zielgruppe, um die man sich bei der CSU besonders gern kümmerte, auch wenn es in Reden oft mehr gönnerhaft als sozial klang. Auch der langjährige CSU-Chef und Ministerpräsident Edmund Stoiber hat mir mehr als einmal erklärt, dass die innere Sicherheit vor allem für die „kleinen Leute" da ist. „Innere Sicherheit ist Sozialpolitik, wenn nämlich auch die Spülfrau aus dem Hofbräuhaus mit der U-Bahn genauso sicher nach Hause kommt wie der Firmenchef mit seinem Chauffeur." Das zumindest schien mir einleuchtend.

Auch die Linkspartei, die qua Ideologie ja nur aus „kleinen Leuten" bestehen dürfte, umarmt diesen kurzgewachsenen Unbekannten. André Brie, Vordenker der Linkspartei und überführter Stasi-IM, ließ im *Freitag* sogar Gefühle für ihn aufwallen: „Der kleine Mann soll nicht nur im Programm auftauchen, sondern in unserem Herzen." Und auch Ex-SPD-Chef Sigmar Gabriel, selbst kein Riese, entdeckte den kleinen Mann als Antwort auf Erfolge der AfD 2016 bei einem Treffen junger Gewerkschafter: „Die SPD muss wieder Schutzmacht der kleinen Leute werden." Die Sozialdemokraten hätten eine akademisierte, auf das Studium ausgerichtete innerparteiliche Kultur übernommen, die nicht alle Menschen erreiche. „Es gibt nicht nur eine materielle Spaltung in Deutschland, es gibt auch eine kulturelle", davon war Gabriel überzeugt.

Abgesehen davon, dass der „kleine Mann" in Deutschland zumindest politisch genauso stimmgewichtig ist wie ein Millionär, wirkt diese Zuschreibung heute überheblich und wenig zeitgemäß. Daher kommen der „kleine Mann" oder die „kleinen Leute" nicht nur in Reden, sondern auch live und in echt in deutschen Talkshows vor. Dort sitzen sie als Altenpflegerin, Müllfahrer, Putzfrau oder Supermarktkassiererin und geben – von hoch bezahlten Moderatoren befragt – Volkes Stimme ab. Der „kleine Mann" spricht über seinen lächerlichen Stundenlohn, fiese Chefs, schlimme Arbeitsbedingungen und vom Versagen „von denen da oben" und wirkt allzu oft vorgeführt und nicht gehört.

Viel glaubwürdiger – und politisch wünschenswert – wäre, wenn der „kleine Mann" nicht nur in Reden und Talkshows herhalten müsste, sondern wenn er aktiv Politik gestalten könnte. Betrachtet man die Zusammensetzung des Bundestags wird leider schnell klar, dass der „kleine Mann" hier keine Mehrheit hat. Das Parlament ist fest in der Hand von Beamten, Selbstständigen und leitenden Angestellten.

Eine weitere Floskel ist die „Nähe zum Menschen" oder auch „nahe bei den Leuten", eine Formulierung, die oft nur die gewaltige Distanz zwischen Regierenden und Regierten schrumpfen soll. Denn wirklich nah bei den „ganz normalen“ Bürgern ist man in der Politik eher selten, höchstens bei der Bürgersprechstunde im heimischen Wahlkreis. Diese relative Ferne zum „normalen Bürger“ gilt auch für die meisten Hauptstadtjournalisten, das muss man an dieser Stelle selbstkritisch eingestehen.

Im durchgetakteten Hauptstadtbetrieb der Abgeordneten kommen Bürger höchstens als Besucher aus dem Wahlkreis daher, die mit Führungen bespaßt und nach kurzer Zeit mit Jutebeuteln voller Broschüren wieder in die Busse steigen. In den engen Terminkalendern mit Sitzungen, Ausschussarbeit, Interviews, Besuchern und Besuchen ist wenig Zeit für „normale Menschen“. Der Bundestagsfahrdienst, eine Netzkarte erster Klasse für die Bahn und Freiflüge in die Heimat machen den Kontakt zu dieser Gruppe auch nicht einfacher.

Doch es gibt Ausnahmen und stellvertretend fällt mir Kurt Beck ein, der als SPD-Chef unglücklich agierte, weil er tatsächlich den „normalen Menschen“ näher schien als uns Medienmenschen und den studierten Parteikarrieristen aus der Hauptstadt. Beck, ein Pfälzer, ließ sich im Keller seines bescheidenen Hauses von Ehefrau Roswitha die Haare schneiden und fischte mit großer Freude den „Schweineschnuffel“ aus der Wurstsuppe, wenn im Dorf Schlachttag war. Acht Jahre Schule, Geld für Klassenfahrten war nie da, dann Ausbildung zum Elektromechaniker. Damit war die Karriere zum Ministerpräsidenten von Rheinland-Pfalz und zum Parteivorsitzenden der SPD nicht vorprogrammiert. „Nah bei den Menschen“ hieß die Festschrift zu Kurt Becks 65. Geburtstag. Bei ihm hat diese Beschreibung ausgesprochen gut gepasst.

Die Wahrheit, nichts als die Wahrheit

Von klaren Worten, die man politisch nicht überlebt

Es gibt einen einfachen Grund, warum Politiker gern die eher weiche Formulierung wählen, sich nicht festlegen wollen oder auf scharfe Fragen betont gelassen antworten. Die echten Profis unter ihnen wissen: Wer immer zuspitzt, sich schnell zu Emotionen hinreißen lässt oder sogar aus einer Wut heraus formuliert, bekommt das Gesagte nie mehr eingefangen. Wie die Zahnpasta, die einmal aus der Tube gequetscht wurde, lässt sich keine Festlegung, keine Prognose und kein Urteil aus der Öffentlichkeit zurückholen. Besonders das Printarchiv, aber auch das Netz oder die Archive der Sender vergessen nichts.

Daher läuft die Botschaft der Profis nicht nur durch die Hände versierter Sprecher, sondern bei den Absendern manchmal fast in Zeitlupe durch ein politisches Sprachzentrum im Hirn, das „Alarm" schlägt, sollte das Gesagte missverständlich sein oder das Potenzial haben, Streit auszulösen oder Wähler zu verprellen.

Als ich das erste lange Interview mit Frank-Walter Steinmeier, dem heutigen Bundespräsidenten, führte, war ich verwundert, wie lange er sich für einzelne Antworten Zeit ließ. Steinmeier kann dabei wie abwesend wirken, blickt in Richtung eines imaginären Punktes und lässt sich auch nicht dadurch beirren, dass seine Gesprächspartner durch die langen Sprechpausen irritiert wirken. Denn am Ende formuliert er so, wie es nur ganz wenige in der Politik beherrschen. Druckreif und mit minimaler Angriffsfläche.

Die Liste von Politikern, die über ihre eigenen Worte sogar gestürzt sind, ist nicht sehr lang, aber jeder einzelne Fall ist allen politisch Verantwortlichen eine Mahnung. Allein durch die Art des Vortrags können dramatische Missverständnisse entstehen, wie es der CDU-Politiker Philipp Jenninger erlebt hat.

Es war der 10. November 1988 im umgebauten Bonner Wasserwerk, das zu dieser Zeit der provisorische Sitz des Deutschen Bundestags war. Der Bundestagspräsident, protokollarisch der zweithöchste Mann im Staat, sprach zum 50. Jahrestag der Novemberpogrome gegen Juden in Deutschland. Er hatte den Vortrag dieser besonderen Rede nicht einstudiert, was am Ende verhängnisvoll war. Im Stilmittel der „erlebten Rede" wechselte Jenninger die Rednerrolle, ohne dass dies den versammelten Abgeordneten durch besondere Betonung deutlich wurde. So fragte Jenninger tatsächlich: „Und was die Juden anging: Hatten sie sich nicht in der Vergangenheit doch eine Rolle angemaßt – so hieß es damals –, die ihnen nicht zukam? Mussten sie nicht endlich einmal Einschränkungen in Kauf nehmen? Hatten sie es nicht vielleicht sogar verdient, in ihre Schranken gewiesen zu werden?"

Immer mehr Abgeordnete verließen empört den Saal und der sichtlich irritierte Bundestagspräsident wurde in seinem Gedenkvortrag immer unsicherer. Nur einen Tag nach der verunglückten Rede trat Philipp Jenninger von seinem Amt zurück. Jenninger wurde zwar später durch den Präsidenten des Zentralrats der Juden Ignatz Bubis rehabilitiert, aber seine verhängnisvolle Rede bleibt ein besonders anschauliches Negativbeispiel für rhetorisches Versagen in der Politik.

Ein jüngeres Beispiel lieferte die Grünen-Politikerin Anne Spiegel, die als Umweltministerin von Rheinland-Pfalz am 11. April 2022 nach einer verunglückten Entschuldigung ihren Rücktritt erklären musste. Am 14. und 15. Juli 2021 war es nach massiven Regenfällen in Rheinland-Pfalz und Nordrhein-Westfalen zu einer Jahrhundertflut gekommen. Wassermassen der über die Ufer getretenen Ahr hatten Menschen, Fahrzeuge und Häuser wie Spielzeug mitgerissen. Schon kurz nach der Katastrophe, an deren Folgen die Menschen im Ahrtal heute noch leiden, wurden haarsträubende Defizite der politischen Führung bekannt. Dabei geriet die junge Umweltministerin der Grünen massiv unter Druck.

Anne Spiegel war in den Stunden nach der Flut für eine Ministerin und ein Kabinettsmitglied fahrlässig inaktiv und reagierte zu spät auf Anrufversuche von Behörden und Mitarbeitern. Geleakte Kurzmitteilungen, die sie mit ihrem Pressesprecher ausgetauscht hatte, dokumentierten, dass sich die Ministerin mehr um ihr Image in der Krise und weniger um die akute Bedrohung der Bevölkerung kümmerte. Eine Pressemitteilung zur Flutkatastrophe gab sie zur Bearbeitung zurück, weil sie nicht ausreichend gegendert war.

In einer Kurzmitteilung der Ministerin an ihr Büro, in der es um besagte Pressemitteilung zur Flut ging und die dem Flut-Untersuchungsausschuss vorgelegt werden musste, hieß es: „Konnte nur kurz draufschauen, bitte noch gendern CampingplatzbetreiberInnen, ansonsten Freigabe." Auf dem Höhepunkt einer historischen Naturkatastrophe hatte die Ministerin offensichtlich Zeit, auf dem korrekten Gendern zu beharren. Dabei war die ganze Mitteilung irreführend. Flussanwohner wurden gebeten, „die Lage im Blick zu behalten", obwohl Campingplatzgäste bereits mit dem Hubschrauber geborgen wurden.

Während die Kritik an Spiegel in Rheinland-Pfalz zunahm, übernahm die Grünen-Politikerin am 9. Dezember 2021 von Christine Lambrecht das Amt der Bundesministerin für Familie, Senioren, Frauen und Jugend. Während sich die Ministerin in ihr neues Amt einarbeitete, förderte der Untersuchungsausschuss des rheinland-pfälzischen Landtags weitere Beweise für das Versagen der Ministerin zutage. Besonders der vierwöchige Familienurlaub, den die Ministerin nur zehn Tage nach der Katastrophe, die allein in Rheinland-Pfalz 136 Tote forderte, angetreten hatte, sorgte nach Bekanntwerden deutschlandweit für Empörung.

Als die Affäre immer größere Dimensionen annahm, versuchte es Anne Spiegel mit offener Vorwärtsverteidigung, ein „ungewöhnlicher Schritt", wie sie selbst urteilte. Der Versuch ist ein Lehrbeispiel dafür, wie Verantwortliche in der Politik besser nicht kommunizieren. Am 10. April 2022 erklärte die Ministerin in einem kurzfristig angekündigten Pressestatement vor laufenden Kameras: „Mein Mann hatte in der Vergangenheit immer ausdrücklich darum gebeten, die Privatsphäre zu wahren. Aber ich will jetzt private Details nennen. Mein Mann hatte im März 2019 einen Schlaganfall. Dieser hat dazu geführt, dass er, seit dem Schlaganfall, ganz unbedingt Stress vermeiden musste." Die Pandemie, so die Ministerin weiter, sei eine weitere große Herausforderung gewesen, „die die Kinder auch ganz klar mit Spuren hinterlassen hat".

Sie habe dann einen Fehler gemacht, indem sie viele Aufgaben übernommen habe. „Mein Mann war sehr stark belastet und es war erstmals an einem Punkt als Familie, wo wir Urlaub gebraucht haben. Mein Mann konnte nicht mehr." Sie habe sich diese Entscheidungen nicht leicht gemacht, in der Verantwortung als Ministerin und in ihrer Verantwortung als Mutter von vier Kindern. Deshalb sei sie zehn Tage nach der Flutkatastrophe in Urlaub gefahren. „Das war ein Fehler, dass wir so lange in den Urlaub gefahren sind. Ich bitte für diesen Fehler um Entschuldigung." Dummerweise musste die Ministerin auch noch zugeben, dass sie – anders als ursprünglich behauptet – sich nicht über Videotelefonie zu Kabinettssitzungen der rheinland-pfälzischen Landesregierung dazugeschaltet hatte.

Das Kalkül Spiegels, sich mit entwaffnender Ehrlichkeit und Hinweis auf private Probleme aus der Affäre ziehen zu können, ging nicht auf. Die mediale Rezeption der unbeholfenen Entschuldigung war erneut ein Desaster. Auf Social-Media-Kanälen kündigte sich das Aus Spiegels mit einer Welle aus Wut und Fassungslosigkeit über die Aussagen der Ministerin an. Der CDU-Europaabgeordnete Dennis Radtke twitterte: „Die skurrilste Pressekonferenz seit der Haarproben-Ankündigung von Christoph Daum. Es lässt einen ratlos zurück."

Am 11. April trat Anne Spiegel von ihrem Amt zurück und die Grünen-Politikerin Lisa Paus wurde 14 Tage später ihre Nachfolgerin. Der Sturz Spiegels zeigt beispielhaft, dass es für politisch Verantwortliche fatal sein kann, rhetorisch auf die „menschliche Karte" zu setzen. Vor allem dann, wenn man noch am Anfang seiner politischen Karriere steht. Die Deutschen haben Angela Merkel in ihrer späten Regierungsphase manchen Fehler verziehen. Aber nur, weil auch die härtesten Merkel-Kritiker den Fleiß und die Aufopferungsbereitschaft der ersten Bundeskanzlerin nie in Zweifel gezogen haben. Aber für eine Entschuldigung unter Hinweis auf private Fehler braucht man in der Politik einen Leistungsvorschuss, der hart erarbeitet sein muss. Dieses Konto war bei der Bundesministerin Anne Spiegel nicht ausreichend gefüllt.

Auch die SPD-Politikerin Christine Lambrecht eignet sich gut als Beispiel für ein bemerkenswertes politisches Kommunikationsversagen. Wie Anne Spiegel war Lambrecht als Bundesverteidigungsministerin gewaltig unter Druck. Seit Amtsübernahme am 8. Dezember 2021 erreichte die Ministerin, die das Justiz- und das Familienministerium eine Zeit lang sogar erfolgreich in Doppelfunktion geführt hatte, keine guten Umfragewerte. Weder zu ihren Generälen noch zur Öffentlichkeit wollte der Funke richtig überspringen. Dazu kam Kritik – sogar von Verteidigungsexpertinnen in den Redaktionen –, die schlicht unfair war. So wurde bemängelt, dass die Ministerin – wie auf Fotos, die sie beim Verlassen eines Transportflugzeugs zeigen, zu sehen ist – in Pumps zum Truppenbesuch in Afrika erschienen war. Diese Fotos wurden in sozialen Netzwerken hämisch kommentiert. Als ob sich die Ministerin als zivile politisch Verantwortliche für die Bundeswehr an eine militärische Bekleidungsvorschrift hätte halten müssen.

Zu diesen Fouls der Medien kam aber eine ganze Reihe echter politischer Fehler wie die peinliche Entsendung von nur 5000 Helmen an die mehrere Hunderttausend Mann starke ukrainische Armee, die gerade von russischen Truppen überfallen worden war. Oder die Ministerin ließ zu, dass ihr Sohn wichtigtuerische Fotos von sich aus dem Bundeswehr-Helikopter postete. Dazu gab es schwere Ausrüstungspannen und verspätete Berichte an den Verteidigungsausschuss. Kein Fehler der SPD-Politikerin war jedoch gravierend genug für einen Rücktritt. Aber es war die Summe kleiner und größerer Fehlleistungen, die Lambrechts Stuhl im Bendlerblock an der Berliner Stauffenbergstraße bedenklich wackeln ließ. Dann kam der Silvesterabend und die Ministerin– ohne ihre Medienberater und den Pressestab – spontan auf die schlechte Idee, in der Hauptstadt einen Silvestergruß für ihre Follower aufzunehmen.

Im himmelblauen Mantel, mit vom Winde zerzausten Haaren, zeigte sich Lambrecht in einem kurzen Video für ihren privaten Instagram-Account. Im Hintergrund kracht und böllert es, Zuschauer konnten meinen, die Ministerin stehe im Abwehrfeuer der Flak von Kiew. Die wenigen Wortfetzen, die man gut versteht, sind hanebüchen. Lambrecht spricht über den Krieg in der Ukraine und schwärmt regelrecht von „ganz vielen besonderen Eindrücken, die ich gewinnen konnte, viele,

viele Begegnungen mit interessanten und mit tollen Menschen. Dafür sage ich ein herzliches Dankeschön."

Als wenige Zeit später das Video für Empörung im Netz sorgt, geht der eigene Pressestab auf Distanz zur Ministerin. Das Video sei „privat", man habe dazu keine Ressourcen des Bundesverteidigungsministeriums genutzt. Heißt für Laien aus der Pressesprechersprache übersetzt: Diesen Unsinn hat die Ministerin ohne uns verzapft!

Vom politischen Gegner, aus der eigenen Ampelregierung, aber auch von Kommunikationsexperten und Parteienforschern hagelte es vernichtende Kritik. Der Politikwissenschaftler Karl-Rudolf Korte urteilte im ZDF: „Das wirkte würdelos" sowie „respektlos für so ein Amt. Bild und Ton passten nicht zueinander."

Die Ministerin sollte sich von dem gut gemeinten Video-Silvestergruß auf Instagram politisch nicht mehr erholen. Am 16. Januar, 17 Tage nach der wirren Videobotschaft, reicht Christine Lambrecht ihren Rücktritt ein.

Das Ende der Ministerin kam sicher als Folge einer Vielzahl von Fehlern und Fehlleistungen. Ihre naive Kommunikation in der Silvesternacht war aber der berühmte letzte Tropfen, bevor das Fass für Christine Lambrecht überlief.

Dumme Antworten auf noch dümmere Fragen

Wie wir Journalisten klare Sprache in der Politik verhindern

Wenn sich Journalisten über die Sprache der Politik beklagen, ist es tatsächlich eine gute Idee, selbstkritisch zu prüfen, ob sie nicht Mitschuld an dieser häufig so beklagenswerten Kommunikation haben. Da stimme ich meinem Mitautor Lars Haider in vollem Umfang zu. Viele Antworten, die unverständlich oder sogar absurd sind, werden durch seltsame Fragen provoziert, deren Antworten auch bei bestem Willen das Publikum ratlos zurücklassen.

Dieser Gedanke führt uns exemplarisch zur Bundespressekonferenz, dem ultimativen Ort des Showdowns zwischen Politik und Medien. Also zwischen denen, die mit angenehmen Botschaften glänzen wollen, und denen, die qua Amt das Haar in der Suppe suchen. Die Bundespressekonferenz ist – anders als der Name suggeriert – keine staatliche Institution, sondern ist als eingetragener Verein organisiert. Sie finanziert sich über Mitgliedsbeiträge und nimmt ausschließlich Menschen auf, die hauptberuflich für deutsche Medien über die Bundespolitik berichten. Derzeit gehören ihr ca. 900 Parlamentskorrespondenten an.

Ganz Deutschland kennt den Konferenzraum der Bundespressekonferenz in der Berliner Reinhardtstraße aus den Abendnachrichten. Ein zartblauer Fonds lässt auch den mürrischsten Sprecher irgendwie himmlisch rüberkommen, die Politik sitzt erhöht und abgeschirmt durch ein massives Pult, die Medienvertreter vis-à-vis auf Stühlen wie in der Schule.

In der Bundespressekonferenz wollen nur wenige Journalisten wirklich etwas erfahren. Relevante Informationen braucht jede ernst zu nehmende Redaktion exklusiv und vorab, den Rest übernehmen die Nachrichtenagenturen. Wer in der Bundespressekonferenz eine schlaue Frage stellt und eine interessante Antwort erhält, kann sicher sein, dass der Inhalt in wenigen Minuten auf allen Nachrichtenportalen steht, nicht selten zuerst auf denen der Konkurrenz. Nach den aktuellen Geschäftsmodellen der Verlage ist damit kein Blumentopf zu gewinnen. Also, warum das Ganze noch?

Die Bundespressekonferenz ist ein Schlagfertigkeits-Testraum, ein öffentliches Verhörzimmer und eine Bühne für Medienleute, die – wenn schon nicht mit ihren exklusiven Beiträgen – durch ihre Fragen beweisen können, dass eigentlich sie in die Regierung gehören, weil sie alles am besten wissen.

So erklären sich auch Fragen, die gar keine Fragen sind, sondern Minikommentare, die man besser im eigenen Blatt abgedruckt hätte, statt Kollegen in der Bundespressekonferenz die Zeit zu stehlen. Oder Fragen, die derart kompliziert formuliert sind, dass man Sorge haben muss, ob sie der Fragesteller überhaupt selbst verstanden hat. Besonders Fragende, die mit erkennbarer Inbrunst den schlimmsten Politsprech kopieren, um ihre Gesprächspartner zu beeindrucken, vergessen das Allerwichtigste: ihre Leser. Das heißt im Umkehrschluss: Ein mutiger Journalist stellt Fragen so, wie seine Leser sie selbst gestellt hätten. Damit beeindruckt man vielleicht nicht die prominenten Gäste oder die Kollegen der Hauptstadtpresse. Aber man bekommt meist die besseren Antworten.

Maren Urner, Professorin für Medienpsychologie an der Hochschule für Medien, Kommunikation und Wirtschaft in Köln, hat es in einem Beitrag für das Fachblatt Journalist einmal gut auf den Punkt gebracht und gleich eine Eselsbrücke mitgeliefert. Journalisten brauchen drei „N“:

„Naivität, die es ermöglicht, vermeintlich einfache – oder ‚dumme‘ – Fragen zu stellen. So können fest Verankertes hinterfragt und neue Perspektiven ermöglicht werden. Nachsicht mit anderen Menschen, inklusive deren Überzeugungen, Wünschen und Empfindungen, sowie die Nachsicht mit sich selbst, wenn es um die eigenen Ansprüche und den Mythos der Unfehlbarkeit geht. Zuletzt und vielleicht am wichtigsten: Neugier!“

So weit die Professorin, die eine unbequeme Wahrheit ausspricht. Es fehlt vielen Journalisten tatsächlich am Mut für die ganz einfachen Fragen: Wie meinen Sie das? Was bedeutet das konkret? Was bedeutet das für den einzelnen Bürger? Entschuldigung, das habe ich nicht verstanden, können Sie mir das erklären? Wer diese Fragen nicht stellt, erntet die von Pressestellen und Medienberatern rundgeschliffenen Sätze, die kompetent klingen, aber wenig aussagen.

Das Unvermögen vieler Medien, richtig kritisch nachzufragen und dabei zur Not auch alle eigenen Schamgrenzen fahren zu lassen, hat eine neuen Journalistentypus erschaffen, der schnell zur Marke geworden ist. Thilo Jung besucht jede Bundespressekonferenz und stellt Fragen, die den Schmerzpunkt direkt treffen. Dabei duzt der Journalist und Podcaster seine Interviewopfer und strahlt die Befragung auf seinem äußerst erfolgreichen YouTube-Channel aus. Jung ist für die Politik mit Abstand die größte Nervensäge der Bundespressekonferenz. Aber er liefert seinen Zuschauern ein starkes Stück Journalismus ab, weil ihm wirklich nichts peinlich und er am glücklichsten ist, wenn ein Sprecher mal wieder so richtig aus der Haut fährt und sich und seinen Chef mit haltlosen Äußerungen entlarvt.

Dabei ist das Prinzip Thilo Jung relativ einfach. Er ist durch gute Vorbereitung tief in der Materie und beharrt auf seinen Fragen, die er gern auch mehrmals wiederholt, wenn der Gesprächspartner keine Lust auf eine Antwort hat. In üblichen Interviews wird einfach die nächste Frage gestellt in der Hoffnung, dass die nächste Antwort besser ausfällt. Im Videoformat von Jung sieht man förmlich, wie der Gast unsicher oder wütend wird und dem Interviewer dann den besonderen Moment des unkontrollierten Ausbruchs schenkt. Dieser Ausschnitt wird dann separiert und geht als Kurzvideo viral.

Eine, die erfahren musste, dass man auch als Spitzenpolitikerin besser gut vorbereitet in Interviews geht, ist die Linken-Politikerin Susanne Hennig-Wellsow, die Thilo Jung zum Thema Auslandseinsätze befragte. Hennig-Wellsow hatte Kritik an den Bundeswehreinsätzen geübt und Jung fragte sie, gegen welche Einsätze genau sie denn sei. „Da muss ich ehrlich sagen, die hab ich nicht alle einzeln im Blick", antwortete sie ehrlich und offenbarte ihre ganze Unkenntnis.

Jung, der in einem Interview schon mal stolz über seine Interviewtechnik sagte: „Blut lecken kann ich ganz gut“, bohrt an der Schwachstelle weiter. Und fragt: „Hast du eine Idee, wie viele Kampfeinsätze der Bundeswehr aktuell laufen?“ Die Linken-Chefin dreht sich nervös auf ihrem Bürostuhl hin und her und antwortet: „Nee“. Jung fragt weiter: „Kannst du ein Beispiel nennen, welcher Kampfeinsatz beendet werden soll?“ „Afghanistan ist ja schon beschlossen“, antwortet sie und die Zuschauer spüren, dass sie unsicher ist, ob ihre Aussage stimmt. „Kannst du noch einen anderen nennen?“, fragt Jung und macht das Desaster für die Linke immer größer. „Ähm, wo sind wir noch, Martin?“, fragt Hennig-Wellsow zunehmend verzweifelt ihren Sprecher, der sich im Studio im Hintergrund hält, und versucht, mit einem Scherz diese peinliche Situation aufzulösen: „Ich habe meinen Spickzettel mit.“ „Das war‘s?“, fragt Thilo Jung und weiß, dass er mit seinem Format *Jung und Naiv* wieder einen Volltreffer gelandet hat. Hennig-Wellsow gibt auf und versucht es ganz allgemein: „Es gibt todsicher noch mehr“, – und nach langer Pause – „und das muss man jetzt im Einzelfall prüfen.“

Das lange Gespräch schaffte auf YouTube über 200.000 Abrufe und ein kurzer Clip wurde in sozialen Netzwerken zu Recht unzählige Male geteilt. Jung hatte in *Jung und Naiv* den Beweis angetreten, dass eine Parteivorsitzende Forderungen zu wichtigen Themen erhebt, von denen sie im Detail keine Ahnung hat.

Kein Wunder also, dass Politiker am liebsten in die üblichen, für sie leichter kontrollierbaren Interviewformate im Fernsehen gehen. Die meisten wissen, dass sie hier – im Fernsehen – mit ihrer eigenen Sprache am eindringlichsten wirken, weil die Zuschauer neben dem Gesagten auch die Mimik oder Emotionen beobachten können. Das Setting hat aber ein grundsätzliches Problem, das sich immer auf die Qualität der Antworten auswirkt. Niemand in der Politik hat wirklich Lust auf kritische Fragen in einem TV-Interview. Man will eigentlich positive Botschaften absetzen und ist dabei interessiert an der großen Reichweite des Mediums. Der Befragende wiederum weiß, dass eigentlich alle Fragen schon gestellt sind. Er muss entweder etwas ganz Neues herauskitzeln oder den Interviewpartner zu einer provokanten These bringen, die im Idealfall große Aufregung samt Schlagzeilen produziert. Gelingt weder das eine noch das andere, wird das Gespräch schnell beliebig und der Inhalt wenig spannend.

Armin Wolf, Interviewprofi und Moderator der *ZiB 2*, dem täglichen Nachrichtenmagazin im österreichischen ORF-Fernsehen, hat es einmal in einem Interview mit dem *Deutschlandfunk* sehr ehrlich erklärt: „Ich weiß ziemlich genau, was der sagen wird. Ich stelle diese Fragen nicht für mich, sondern ich stelle die Fragen fürs Publikum. Das kennt ja die Antwort noch nicht. Das hieße jetzt aber für ein Gespräch eine ziemlich ungünstige Situation: Ich stelle Fragen, deren Antwort ich schon kenne, und der Gast will meine Fragen gar nicht beantworten, sondern in Wahrheit eine Wahlrede vor sehr vielen Menschen halten, und dazu läuft noch eine Uhr mit, und es gibt sehr wenig Zeit und im Normalfall ein sehr komplexes Thema."

Gezielte Provokationen in Interviews führen auch nicht zwingend zu besonders guten Antworten, sondern sollen gelegentlich die Unerschrockenheit des Interviewers dokumentieren. Ich glaube nicht, dass der *Spiegel* ernsthaft eine Antwort erwartet hatte, als er Olaf Scholz einmal fragte: „Herr Scholz, ist die SPD verliebt ins Verlieren?" Oder AfD-Gründer Alexander Gauland: „Sind Sie ein Rassist?" So gibt man dem Befragten eher die Gelegenheit zur Selbstdarstellung, was Profis in der Politik perfekt zu nutzen wissen.

Aus meiner Erfahrung aus Interviews, geführt mit eigenen Kollegen oder aus der Beobachtung der lieben Mitbewerber, habe ich eine Top-Liste von sieben Fragen gesammelt, die man sich als Medienmensch wirklich besser schenken sollte.

„Was macht das mit Ihnen?" Eine Frage, die man nur stellt, wenn man seinen Zettel mit Fragen auf dem Weg ins Ministerium verloren hat und einem gar nichts einfallen will. Und im Ernst: Welche Leser oder Zuschauer interessiert schon die Befindlichkeit ihrer gewählten Volksvertreter? Sie interessieren sich für Fakten und ihre eigene Situation, die durch schlechte Politik oft leidet.

„Was wollen Sie anders machen als die Partei XY?" Wer so unspezifisch fragt, ist selbst schuld, wenn der Gesprächspartner einem das komplette Wahlprogramm ins Interview redigiert.

„Was haben Sie als Kanzler mit Deutschland vor?" Diese Frage kann man natürlich nur Menschen stellen, die ganz oben in der Hierarchie der Macht ankommen wollen. Ich hatte sie ganz naiv dem damaligen CDU-Kanzlerkandidaten Armin Laschet gestellt und keine vernünftige Antwort darauf bekommen. Vielleicht war Laschet ja schlecht drauf, daher habe ich sie bei einem zweiten Interview dem Kanzlerkandidaten erneut gestellt – und wieder keine Antwort bekommen. Ich persönlich verkneife mir diese Frage künftig. Man will ja niemanden überfordern.

„Wie erklären Sie sich Ihren Erfolg?" Diese Frage ist zum Einschleimen hervorragend geeignet. Aber außer Lobreden auf sich selbst wird man dem Interviewpartner nichts Substanzielles entlocken. Da kann man gleich fragen: „Woher nehmen Sie jeden Tag Ihre viele guten Ideen?"

„Haben Sie sich über diesen Fehler geärgert?" Wer so fragt, gibt die Möglichkeit zum langatmigen Reinwaschen oder fängt sich die Belehrung ein, dass man schließlich alles, aber nur keinen Fehler gemacht habe.

„Würden Sie das heute anders machen?" Netter Versuch, aber an dieser Stelle wittert jeder Politiker, dass er öffentlich einen Fehler zugeben soll. In diese Falle tappen nur Anfänger.

„Und wie denken Sie als Privatmensch darüber?" Diese Frage stellt man, wenn man beim ersten Versuch mit der Frage an den Politiker schon gescheitert ist. Nach meiner Erfahrung wird es auch im zweiten Anlauf nicht besser.

Grundsätzlich erhält man die schwierigsten, phrasenhaftesten und schwammigsten Antworten, wenn man Politiker auf ihre persönliche Absicht, für ein Amt zu kandidieren, anspricht. Man bekommt fast immer eine der folgenden Antworten: „Diese Frage stellt sich derzeit nicht." „Es geht jetzt darum, unser Land zu verbessern und nicht über Namen zu diskutieren." Oder: „In unserer Partei gibt es viele geeignete Persönlichkeiten und wir werden das in Ruhe und zu gegebener Zeit entscheiden."

Diese Antworten machen uns Journalisten – und auch den Lesern – keinen Spaß und sie verschaffen dem Möchtegernkandidaten erst mal Zeit. Wie man auf eine solche Frage besser nicht antwortet, hat Robert Habeck gezeigt, als es darum ging, wer bei den Grünen der Kanzlerkandidat werden soll. Die Antwort gehört ins Lehrbuch aller Medienberater.

Robert Habeck saß dabei 2020 in der Talkshow von Sandra Maischberger, deren besondere Spezialität es ist, mit beharrlichem Nachfragen auch die härteste politische Nuss zu knacken. Sie stellte Habeck mit dem typischen Maischberger-Wimpernaufschlag die an Klarheit nicht zu übertreffende Frage. „Wollen Sie Bundeskanzler werden?“ Robert Habeck antwortete erst auf erneute Nachfrage zögerlich: „Die Bundeskanzlerfrage ist ... einerseits ganz einfach und andererseits ganz schwer zu beantworten. Weil ... weil ich ... weil ich ... ähm ... also das, was man für sich selber tun kann ... meine Person, Annalena, alle anderen von den anderen Parteien ... ist sich selbst zu überprüfen, ob man glaubt, man hat moralisches Rüstzeug, innere Ruhe. Man hat einen Plan, was man will.“ Dann sammelt sich Habeck und erklärt: „Diesen Plan habe ich und deswegen ist die Antwort: Ja, diese Prüfung würde ich für mich bestehen.“ Am Ende wurde Annalena Baerbock die Kanzlerkandidatin. Vielleicht, weil sie es klarer reklamierte?

„Alternative für Deutschland"?

Die zwei Sprachebenen der neuen Rechten

Im Sommer 2023 beginnt die Hauptstadt bei einem Thema aufzuwachen, das sich längst aufgebaut, aber in seiner Dimension von den Parteispitzen aller nicht rechten Parteien einfach ignoriert wurde: der stetig ansteigende Zuspruch, den die sogenannte „Alternative für Deutschland" in repräsentativen Meinungsumfragen erfuhr. Als im Juni 2023 das Meinungsforschungsinstitut INSA seine erhobenen Daten ausgelesen hatte, war der Schrecken in Deutschland groß: 20,5 Prozent der Befragten hätten demnach am darauffolgenden Sonntag ihre Stimme der AfD gegeben. Damit wäre die rechte Partei, die der Verfassungsschutz als Verdachtsfall führt und einzelne Gliederungen bereits beobachtete, die zweitstärkste Kraft nach CDU/CSU gewesen. Die Sozialdemokraten, die immerhin regieren und den Bundeskanzler stellen, wären nur noch auf Platz 3 gekommen.

Warum es der AfD gelang, so stark zu werden, konnte – oder vielmehr wollte – der Bundeskanzler weder bei seinem Statement im Kanzleramt noch in einer Talkshow bei Sandra Maischberger wirklich erklären. Aber er tat das, was er in diesen Fällen am liebsten tut: das Problem in seiner Dimension herunterreden und als wenig bemerkenswert abtun. An den hohen Umfragewerten der AfD sei nicht die Ampel-Regierung schuld. Scholz erklärte, im dunklen Anzug vor der Bundesflagge im Kanzleramt, ohne jegliche sichtbare Emotion allen Ernstes: „Deutschland ist eine starke Demokratie und ich bin sicher, dass wir deshalb uns auf das konzentrieren müssen, worum es hier geht. Die Zukunft unseres Landes zu gewinnen und dafür zu sorgen, dass alle Bürgerinnen und Bürger wissen, dass sie eine gute Zukunft haben und dass Respekt für die Arbeitsleistung und die Tätigkeiten herrscht. Wir haben das Phänomen rechtspopulistischer Parteien in Skandinavien, in den Niederlanden, in Österreich, in Deutschland. Das gibt es auch anderswo in der Welt und sie müssen deshalb aber nicht relevant und dominant werden und das wird auch hier nicht der Fall sein."

Abgesehen davon, dass sich eine Regierung immer für eine gute Zukunft ihrer Bürger einzusetzen hat, entbehrte diese Prognose, kurz nach der erfolgreichen Wahl des ersten AfD-Landrates im thüringischen Kreis Sonneberg, jeder logischen Begründung. Allein, dass sie der Kanzler aussprach, sollte AfD-verhindernd wirken, so das Kalkül des Regierungschefs. Aber der Scholz-Plan ging nicht auf. Die Kanzlerbotschaft war wirkungslos, also diesmal ganz ohne „Wumms", und Ende Juli stand die AfD beim Meinungsforschungsinstitut INSA bereits bei 22 Prozent, nur vier hinter der Union. Das durfte niemand wundern. Denn die Autosuggestion des Kanzlers war nur das, was Menschen in bedrohlichen Situationen seit Beginn der Menschheit tun: Pfeifen im Walde gegen die eigene Angst oder in diesem Fall: gegen die Angst aufrechter Demokraten vor Wahlsiegen einer rechten AfD.

Während die beruhigenden Worte des Kanzlers beim Wahlvolk nicht wirkten, positionierten sich die politischen Protagonisten des rechten Randes in diesen Tagen weiter, zum Beispiel Alice Weidel. Der Hamburger *Stern* rückte ein Porträt der AfD-Chefin blatthoch auf die Titelseite seiner Illustrierten, die trotz langer Auflagenkrise immer noch 3,8 Millionen Leser erreicht. Die Redaktion räumte insgesamt acht Seiten für Alice Weidel frei und gab ihr damit reichlich Gelegenheit zu Originalton AfD. Auch hier lohnt sich ein genauer Blick auf die Sprache, die im Sinne der AfD – anders als bei den unter Druck geratenen Parteien – offenbar funktioniert. Und zwar auf zwei völlig unterschiedlichen Ebenen. Auf Ebene eins, wo man die Umworbenen oder den politischen Gegner direkt und frei anspricht und dabei bewusst Tabubrüche begeht, sowie in den sozialen Netzwerken, der vielleicht wichtigsten Echokammer, in denen die eigene Klientel oft hart am Rande des Verfassungsbruchs bedient wird. Und auf Ebene zwei, wo man einer breiten, eher ablehnenden Mehrheit in gemäßigten Interviews Beruhigungspillen verpasst und Bedenken zerstreut.

Letztere Taktik ist gut dokumentiert im erwähnten Interview mit dem *Stern* im Frühsommer 2023. Die Redaktion gab sich zwar streckenweise redlich Mühe, der Interviewten mit kritischen Fragen beizukommen, aber die AfD-Parteivorsitzende Alice Weidel konterte schlau und wurde ihre Botschaften los. Im O-Ton las sich das auszugsweise so: „Wir machen hauptsächlich Sachpolitik. Und dass diese Regierung das Land in den Ruin treibt, ist ein Fakt. Die Ampel entscheidet permanent gegen die Mehrheitsmeinung. Die Kernkraft wird abgeschaltet. Der Verbrennungsmotor wird aussortiert. Es wird herumgegendert. Wir schaffen uns ab. Wir brauchen so bald wie möglich Neuwahlen." Klingt doch gar nicht so unvernünftig, mögen sich manche *Stern*-Leser denken und sehen die AfD-Fraktionsvorsitzende fortan in milderem Licht.

Diese Befürchtung mag auch die Blattmacher beschlichen haben, die keine Aussage Weidels auf den Titel hoben, sondern die Frage stellten: Was können Sie eigentlich außer Hass, Frau Weidel? Das Wort „Hass" dabei in Fraktur, die man beim *Stern* für die typische Nazischrift hält, aber beim *Stern* kennt man sich traditionell nicht besonders gut mit Schriften aus. Sonst hätte man nicht knapp zehn Millionen Mark für falsche Hitler-Tagebücher ausgegeben, auf denen „FH" statt „AH" stand, weil der Fälscher gepatzt hatte.

Dumm für den *Stern*, dass die Gefragte im Interview auf Hassrede gänzlich verzichtete und die von der Redaktion ziemlich plump gestellte Falle geschickt umging. Man plauderte sogar über Privates, fragte: „Schalten Sie mal ab?", und Weidel durfte ihre menschliche Seite zeigen: „Klar. Mit Familie, mit Lesen. Ich stehe um fünf Uhr früh auf und verbringe die erste Stunde mit Fachliteratur. Abends lese ich auch mal einen Roman. Jetzt gerade zum Beispiel ‚Das Scheusal' von Alice Herdan-Zuckmayer über die Beziehung zu ihrem Hund. Ist wahnsinnig witzig, kann ich nur empfehlen." Filme? „Stirb langsam" findet sie auf eine seltsame Frage des *Stern* auch „gut".

Rechten „Wumms" werden die Anhänger der AfD in diesem Bekenntnis der Parteichefin vermisst haben. Den hatten andere AfD-Größen schon formuliert und damit in ihrer rechten Blase Erfolg. Es war Björn Höcke, der thüringische AfD-Chef, der die völkischen Schlagzeilen geliefert hatte, lange bevor Alice Weidel AfD-Politik verklären durfte. Höcke verriet am 17. Januar 2017 bei einer Rede in Dresden, was er von der deutschen Schuld am Holocaust hält: „Wir Deutschen, also unser Volk, sind das einzige Volk der Welt, das sich ein Denkmal der Schande in das Herz seiner Hauptstadt gepflanzt hat." Auch die bekannten Begriffe aus dem Dritten Reich werden wie zufällig, aber in Wahrheit mit rhetorischer Absicht gepflegt: „Ich will, dass Deutschland nicht nur eine tausendjährige Vergangenheit hat. Ich will, dass Deutschland auch eine tausendjährige Zukunft hat", so Höcke auf einer Kundgebung 2015. Tausend Jahre? Deutschland? War da nicht was?

Und wer Gefahr läuft, im harmlosen Weidel'schen Wortdickicht die Gefahr für die Demokratie zu übersehen, sollte sich den Satz des AfD-Granden Alexander Gauland zur ewigen Mahnung am besten notieren: „Hitler und die Nazis sind nur ein Vogelschiss in unserer über tausendjährigen Geschichte."

Die Verantwortung für sechs Millionen tote Juden? Für den wichtigsten AfD-Vordenker eine Lappalie, die man wie Taubendreck am Ärmel einfach wegwischen kann. Unwidersprochen gesagt im Juni 2018 beim Bundeskongress der AfD-Nachwuchsorganisation Junge Alternative im thüringischen Seebach. Es war nicht die einzige, aber sicher die schlimmste Entgleisung Gaulands und ein Beweis dafür, wie die AfD mit Sprache Grenzen verschieben will, die gute Demokraten nach 1945 über alle Parteigrenzen hinweg gesetzt haben.

Unvergessen auch Gaulands Attacke gegen die damalige Integrationsbeauftragte Aydan Özoğuz im August 2017 bei einer Rede in Thüringen. Gauland damals vor Anhängern seiner Partei: „Ladet sie mal in das Eichsfeld ein und sagt ihr dann, was spezifisch deutsche Kultur ist. Danach kommt sie hier nie wieder her und wir werden sie dann auch, Gott sei Dank, in Anatolien entsorgen können."

Der Literaturwissenschaftler Heinrich Detering urteilt über diese eklatante Verrohung der Sprache in seinem Büchlein „Was heißt wir?" zur Rhetorik der parlamentarischen Rechten: „Welcher Art ist diese Vermittlung, wenn die Adressatin anschließend ‚entsorgt' werden muss?

(…) Wer ist das ‚Wir', das Frau Özoğuz in Anatolien entsorgen will? Es sind, folgt man dem Text, die Vertreter jener spezifisch deutschen Kultur. Sie gleichen zum Verwechseln Bandenmitgliedern, die es ihren Opfern erst mal so richtig zeigen, sie dann erledigen und schließlich entsorgen. Nein, Gaulands Sprache ist auch hier wahrhaftig nicht die Sprache Goethes und Fontanes. Sie ist bloß der schlecht verkleidete Jargon von Gangstern."

Heute ist Alexander Gauland Ehrenvorsitzender der Partei, die Junge Alternative wurde zwischenzeitlich wegen „gesichert rechtsextremistischer Bestrebungen" vom Verfassungsschutz observiert. Und Alice Weidel, die die Kanzlerkandidatur 2025 für die AfD offen anstrebt, darf wohlfeile Plattitüden verbreiten, sodass sogar die Möchtegern-harten-Knochen vom *Stern* im Interview feststellen mussten, „das klingt jetzt fast harmlos".

Um die AfD zu verstehen, muss man die Reden ihrer Protagonisten genauer analysieren und stellt fest, dass neben dem üblichen Leugnen des Klimawandels, der Ablehnung von Waffenlieferungen an die Ukraine oder dem Festhalten an der Atomkraft harmlos klingende Begriffe gepflegt werden, die in die Wahrnehmung der Zuhörer durch häufigen Gebrauch regelrecht einmassiert werden. So zum Beispiel der Begriff „Altparteien", der nach AfD-Lesart für politisches Totalversagen steht. In der Sprache Björn Höckes klang das zum Beispiel am 15. September 2022 so: „Die deutsche Politik hat in den letzten Jahren Banken und Staaten gerettet und versucht seit zwei Jahrzehnten, den Euro zu retten. Für diesen Unfug haben die Altparteien Billionen Euro Volksvermögen verplempert. Wenn die deutsche Regierung jetzt zusätzlich noch an der gescheiterten Energiewende und den Russlandsanktionen festhält, wird sie zuerst den deutschen Mittelstand und dann unserem Sozialstaat den Todesstoß versetzen."

Dieser Begriff „Altparteien", der alle außer der AfD herabsetzen soll, hat mit dem Begriff „etablierte Parteien" eine weichere Variante. Aber auch er ist in der Sprache der AfD negativ konnotiert und er hat sich leider in den Sprachgebrauch der Medien eingeschliffen. Die „Etablierten" und die AfD. Es braucht nicht viel Fantasie, um zu ahnen, welche Gruppe von beiden in der AfD-nahen Wählerschaft attraktiver erscheint.

Ähnlich wachsam sollte man sein, wenn von „Altmedien" die Rede ist. Die sind nämlich nach Lesart der AfD weder gereift noch sollte man vor ihnen Respekt haben. Es ist das Synonym für „von gestern", „gehören abgeschafft" oder „Lügenpresse". Letzterer Begriff wird weniger von AfD-Politikern und mehr von ihren Anhängern gebraucht.

Die Amadeu Antonio Stiftung, die sich dem Kampf gegen Rassismus und Extremismus verschrieben hat, zitiert auf ihrer Webseite aus einem internen Kommunikationsstrategiepapier der AfD, in dem es heißt: „Es ist wichtiger, den Finger in die Wunde der Altparteien zu legen, als sich in einer Expertendiskussion um Lösungsvorschläge zu verheddern. (...) Konzentration auf Eingängiges geht vor Vollständigkeit, harte und provokante Slogans sind wichtiger als lange, um Differenzierung bemühte Sätze, die es allen recht machen wollen."

Das sollten Zuhörer besser im Kopf haben, wenn sie den Redebeiträgen von AfD-Politikern folgen. Auch im Bundestag wird mit der gezielten Verwendung AfD-spezifischer Begriffe subtil Stimmung gemacht. Der Begriff „Kopftuch" ist ein weiteres Beispiel. Eigentlich bezeichnet er schlicht die traditionelle Kopfbedeckung überwiegend muslimischer Frauen. Die inflationäre Nutzung dieses Wortes in der Sprache der AfD schürt aber Ressentiments. Das Kopftuch als Metapher für alles Ausländische, Islamismus und Menschen, von denen es aus Sicht der AfD zu viele in Deutschland gibt. Es ist nicht alltäglich, dass im Bundestag über die Verwendung des Begriffes so gut gewacht wird wie am 16. Mai 2018 in der Aussprache zum Etatentwurf der Bundesregierung.

An diesem Tag sagte die Fraktionsvorsitzende der AfD Alice Weidel laut Sitzungsprotokoll: „Burkas, Kopftuchmädchen und alimentierte Messermänner und sonstige Taugenichtse werden unseren Wohlstand, das Wirtschaftswachstum und vor allem den Sozialstaat nicht sichern." Das war dem sitzungsleitenden Bundestagspräsidenten zu viel. Wolfgang Schäuble, der gern auch scharfe Debatten laufen lässt, meldete sich umgehend zu Wort: „Frau Kollegin Weidel, Sie haben in Ihrer Rede die Formulierung unter anderem Kopftuchmädchen und sonstige Taugenichtse gebraucht. Damit diskriminieren Sie alle Frauen, die ein Kopftuch tragen. Dafür rufe ich Sie zur Ordnung." So richtig der entschlossene Einspruch Wolfgang Schäubles war: Es gibt dennoch viele Fälle im

Bundestag, bei denen die AfD subtil problematische Botschaften setzen kann. Daher ist es so wichtig zu verstehen, wie die AfD kommuniziert und welche Ziele sie damit verfolgt.

Ein weiterer Begriff, der inflationär mittlerweile sogar von gemäßigten Rechten benutzt wird, ist der „Mainstream". Was vor Jahren noch völlig unideologisch eine Mehrheitsmeinung oder einen Mehrheitsgeschmack beschrieb, ist in der Sprache der neuen Rechten gleichbedeutend mit „Lügenpresse", „Hofberichterstattung" oder „Meinungskartell der Etablierten". Der Begriff ist mittlerweile derart abwertend aufgeladen, dass ihn Medien sehr bewusst verwenden sollten. In Bezug auf klassische Medien, besonders die privatwirtschaftlich finanzierten, ist er ehrabschneidend und falsch. Wer die Kommentare deutscher Leitmedien wie *Spiegel*, *FAZ*, *Zeit* und *Welt* liest, stellt schnell fest, dass von einer Einheitsmeinung nicht die Rede sein kann. Einig ist man sich aus gemeinsamem Demokratieverständnis höchstens in der Kritik an der AfD. Aber da hört der Mainstream schon auf.

Die „Alternative für Deutschland" ist nicht grundsätzlich gegen Mainstream, es müsste nur der parteikonforme sein. Das ist aufschlussreich im Wahlprogramm der Partei für Baden-Württemberg nachzulesen, in dem es schon 2018 heißt: „Die AfD will auf die öffentlich-rechtlichen Rundfunkanstalten einwirken und auch im Bildungsbereich Anstrengungen unternehmen, damit Ehe und Familie positiv dargestellt werden."

Der Begriff „Mainstream" hat also seine Unschuld verloren und wer ihn benutzt, kaschiert damit eine eigene Agenda.

Wer sich als Journalist über den Hintergrund von AfD-Politikern ein Bild machen will, darf sich nicht nur die offiziellen Reden oder Interviews anhören, sondern muss tiefer in die Social-Media-Aktivitäten der Rechten eintauchen. Weil man dort die wirklich entlarvenden Botschaften hört, die nur für das eigene Lager gedacht sind. Hier findet die andere, die härtere Sprache statt, die man der Öffentlichkeit auf den sogenannten „Mainstream"-Kanälen nicht zumuten will, um seine Wahlchancen nicht zu gefährden. Eine solche Recherche lohnt sich zum Beispiel bei Maximilian Krah, den die AfD auf ihrem Europaparteitag in Magdeburg im Sommer 2023 mit 65 Prozent der Delegiertenstimmen zum Spitzenkandidaten der Partei für die Europawahl 2024 aufgestellt hat.

Krah, ein Rechtsanwalt aus Dresden und Vater von acht Kindern, gilt innerhalb der Partei als Vertreter des völkischen Flügels und steht dem umstrittenen Björn Höcke nahe. Im Podcast „Am Rande der Gesellschaft" von Götz Kubitschek, Chef des rechten „Institut für Staatspolitik", waren unter anderem Thema Geschlechtergerechtigkeit, Homosexualität und die sogenannten „Pride Months", bei denen die LSBTQ-Communities weltweit ihre sexuelle Freiheit feiern. Krah meldet sich zu Wort: „Das Lustigste, was ich beim Pride Month erlebt habe, war 2021 – da hatte die US-Botschaft in Kabul ganz stolz den Pride Month ausgerufen. Es dauerte keine drei Wochen, bis die Taliban in Kabul eingerückt sind. Ich glaub, dass das die einzig richtige Antwort auf den Pride Month gewesen ist."

Richtige Antwort? Der promovierte Jurist und gewählte Europaabgeordnete Krah wusste bei dieser Bemerkung, dass die Taliban während ihrer ersten Herrschaft Homosexuelle zu Tode foltern ließen. Nach der jüngsten Machtübernahme durch die Taliban gibt es wieder Haftstrafen und öffentliche Auspeitschungen für Homosexuelle. Wer das wie Krah vorbildlich findet, ist offenkundig ein Feind des Grundgesetzes.

Krah, der das Europäische Parlament in seiner bestehenden Form abschaffen will, wird auch weder in Interviews oder Talkshows berichten, welches Personal er für sich arbeiten lässt. So beschäftigte er den Franzosen Guillaume Pradoura, der sogar dem rechten Rassemblement National zu extrem war und als Mitarbeiter gehen musste. In sozialen Medien kursiert ein Foto, auf dem Pradoura mit dem für jüdische Gläubige typischen Hut, falschen Locken und übertrieben gekrümmten Händen posiert. Ein „Karnevalsgag", wie Krah auf Twitter rechtfertigte.

Die wundersame Welt der Phrasen

Viele Begriffe, wenig Inhalt

Wer in der Politik nicht mit Wortbeschönigungen weiterkommt, bedient sich gern mit Phrasen aus dem Baukasten der politischen Sprache. Das Phänomen ist nicht neu und hat schon SPD-Urgestein Erhard Eppler umgetrieben. In seinem Buch „Kavalleriepferde beim Hornsignal. Die Krise der Politik im Spiegel der Sprache" hat sich Eppler, einer der wichtigsten Vordenker der Sozialdemokraten, schon 1995 den Spaß gemacht, mit den Floskeln seiner Kollegen folgenden Satz zu bauen, in dem alles und nichts gesagt wird. „Ich gehe davon aus, dass die Entwicklung der Lage die Lösung der Probleme erleichtert, aber auch eine Herausforderung darstellt, denn die unverzichtbare Akzeptanz unserer Politik ist es, dass wir den Bürgern nicht in die Tasche greifen, sondern uns durch gezielte Maßnahmen als Partei des Aufschwungs profilieren."

Haben Sie auch das Gefühl, das schon mal ähnlich gehört zu haben? Wenn ja, liegen Sie sicher richtig. Der politische Allgemeinplatz ist eines der größten Ärgernisse in der Demokratie und einfach nicht totzukriegen. Eppler formulierte seinen Satz vor fast 40 Jahren, aber das Phrasenphänomen ist noch höchst lebendig und wir hören es fast täglich in den Nachrichten.

Der *Westdeutsche Rundfunk* hat bei seinem „Kandidat:innencheck 2021" mithilfe einer Software die beliebtesten und am häufigsten benutzten Politikerworte zusammengetragen. Dabei kam es zu einer Top Ten von Worten, die tatsächlich in keiner Rede fehlen dürfen. Aber welche

Bedeutung steckt hinter den Worten? Nachfolgend eine subjektive Annäherung aus meiner journalistischen Praxis.

Platz 1: Menschen

Um die geht es jedem in der Politik, auch dem letzten menschenfeindlichen Bollerkopf. Denn Menschen sind das Ziel und die Empfänger jeder Politik und sie sind auch diejenigen, die Politikern ihre Stimme geben. Daher überbevölkern die „Menschen" Reden, Debatten und Parteiprogramme, in denen die ganz hohe Schule der Politikersprache ihre Niederschrift findet. In der Politik kann es gar nicht genug menscheln, der Mensch steht – jedenfalls rhetorisch – immer im Mittelpunkt. Auch wenn es sich für den Menschen selbst oft gar nicht so anfühlt.

Platz 2: Klimaschutz

Je heißer der Sommer, je milder die Winter und je trockener die Böden, desto häufiger werden wir diesen Begriff noch hören. Er verpackt positiv, was die Politik mit einem Bündel an Maßnahmen erreichen will, um den Klimawandel aufzuhalten. Wer als Politiker in einen vollbesetzten Bürgersaal hineinruft: „Wir von der Partei XY wollen mehr Klimaschutz!", wird braven Applaus ernten. Wer konkreter wird und vor demselben Publikum sagt: „Wir werden dafür sorgen, dass auch Sie weniger CO_2 verbrauchen", muss sich dagegen auf Pfiffe einstellen. Gemeint ist im Zweifel aber dasselbe. Das zeigt, wie die Politik mit Sprache und Begriffen Emotionen verhindern oder schüren kann. Der Begriff Klimaschutz klingt angenehm und edel zugleich. Und mit ihm lassen sich perfekt auch die unpopulärsten Maßnahmen umschreiben, daher wird er so gern in der Politik gebraucht.

Platz 3: Deutschland

Dieser Begriff darf natürlich in keinem politischen Statement, in dem es um das große Ganze geht, fehlen. Er symbolisiert Identifikation, Heimat, kulturelle Verwurzelung und kann auch abgrenzen gegenüber allem, was eben nicht Deutschland ist. Nach der Katastrophe der Nazizeit haben sich viele in der jungen Bundesrepublik mit dem Begriff schwergetan. Heute findet er sich ganz selbstverständlich auch im Vokabular von Linken und Grünen, aber dahin führte ein schwieriger Weg.

Es war ein großes Problem für den damaligen Grünen-Chef Robert Habeck, als ein Satz kolportiert wurde, den er 2010 in sein Buch „Patriotismus – ein linkes Plädoyer" geschrieben hatte: „Vaterlandsliebe fand ich stets zum Kotzen. Ich wusste mit dem Begriff Deutschland noch nie etwas anzufangen und weiß es bis heute nicht." Habeck hat sich von dieser Beschreibung mittlerweile distanziert. Auch er weiß: Nur wenn man mit dem Wort „Deutschland" etwas anfangen kann, kann man Bundeskanzler von Deutschland werden.

Auch die Linke musste ihr Verhältnis zum Begriff Deutschland klären. „Die Nation ist ein Stiefkind linker sozialtheoretischer Analysen. Man betrachtet sie als etwas Fremdes, das man nicht eigentlich in der eigenen Wohnung haben will. Widerwillig wird zuweilen ein analytisches Herangehen praktiziert, das eher wie Feindbeobachtung wirkt denn als Sich-Einlassen auf die wirklichen Verhältnisse. Im Grunde ist diese Art Ignoranz schon bei Marx und Engels angelegt. Im Manifest der Kommunistischen Partei heißt es: ‚Die Arbeiter haben kein Vaterland. Man kann ihnen nicht nehmen, was sie nicht haben.'"

So beschreibt es der Berliner Politikwissenschaftler Erhard Crome 2001 in einem Vorwort zu seiner Studie „Die Linke und ihr Verhältnis zu Nation und Nationalstaat" und skizziert damit den langen Weg, den die Linke zum Begriff „Deutschland" zurückgelegt hat. Heute, nach vielen Jahren der Regierungszeit auf lokaler und auf Länderebene, ist die Beziehung dazu unverkrampfter. Aber wenn man genau hinhört, fällt bei den Linken das Wort „Deutschland" auffallend oft im Zusammenhang mit Ungerechtigkeit und sozialen Problemen. Das unterscheidet das Deutschland-Bild der Linken von dem der Konservativen.

Platz 4: Politik

Der Duden definiert den Begriff so: „Auf die Durchsetzung bestimmter Ziele besonders im staatlichen Bereich und auf die Gestaltung des öffentlichen Lebens gerichtetes Handeln von Regierungen, Parlamenten, Parteien, Organisationen o. Ä." Politik ist im Sprachgebrauch der Politik selbst das Synonym für verantwortliches, demokratisch legitimiertes

Handeln. Rechtspopulisten benutzen den Begriff häufig verächtlich. Auf den Kontext kommt es also an.

Platz 5 und 7: Corona-Krise und Pandemie

Beide Begriffe wären bei einer neuen Erhebung nicht mehr dabei. Aber die Platzierung zeigt, welche Spuren Corona auch in der Alltagssprache der Politik hinterlassen hat.

Platz 6: Zukunft

Ohne diesen Allgemeinplatz kommt keine Rede, kein Interview aus. Gemeint ist meist ein zeitlich eher in der Ferne liegendes gesellschaftliches Idealbild, das mit der eigenen Politik verbunden wird. Wer „in Zukunft" weniger Steuern zahlen soll, der darf sich trotz dieser wohlklingenden Formulierung nicht sicher sein, ob er das wirklich noch erleben wird.

Platz 8: Thema

Wenn die Politik ein „Thema" hat, wird Handeln suggeriert. Wer verspricht, „sich um ein Thema" zu kümmern, sieht ein Problem, aber hat noch lange keine Lösung.

Platz 9: Wahlkreis

Die Basis der nunmehr 736 deutschen Bundestagsabgeordneten. Der Begriff darf in keiner Dankesrede am Ende eines Wahlkampfes fehlen. Die Liebe zum Wahlkreis ist in der Realität sehr unterschiedlich ausgeprägt. An der physischen Präsenz und den Öffnungszeiten der Bürgersprechstunde können die Wähler vor Ort gut erkennen, wer den Wahlkreis nur in Ansprachen hochhält oder wer ihn unter Aufgabe von persönlicher Freizeit wirklich ernst nimmt.

Platz 10: Gesellschaft

Geht es um die „Gesellschaft" in der Politikersprache, ist meist das eigene politische Milieu gemeint. Ein Friedrich Merz hat ein völlig anderes Gesellschaftsbild als eine Sahra Wagenknecht. Und jeder Politiker definiert das, was der Gesellschaft guttut, höchst unterschiedlich. Hört der

Bürger also das Wort „Gesellschaft“, darf er nicht zu hundert Prozent davon ausgehen, dass auch er persönlich gemeint ist.

Das größte Problem an Allgemeinplätzen ist nicht, dass sie in der Politik Verwendung finden. Sondern es ist problematisch, dass sie häufig völlig unkritisch den Weg in die Sprache der Medien und der breiten Öffentlichkeit finden. Es liegt also große Verantwortung bei uns Journalisten, Phrasen zu entlarven, sich ihnen bei der eigenen veröffentlichten Sprache zu verweigern und immer beharrlich nachzufragen. Genauso sollte es Wertschätzung für diejenigen geben, die ohne Phrasen kommunizieren und den Mut zu Klartext aufbringen.

Aber die Luft ist dünn geworden für die, die von Phrasen abweichen und Visionen oder Probleme sehr konkret mit allen Konsequenzen benennen. Ein falsches Wort, ein unbeabsichtigter Spin oder auch nur eine missverständliche Formulierung öffnen heute die Höllentore der Social-Media-Welt. Wer als Politiker in mehr als einem Shitstorm stand, weiß, was das heißt. Auch diese Angst vor dem falschen Wort und den Konsequenzen bis an den Rand der persönlichen Vernichtung ist ein Grund dafür, dass die Sprache in der Politik beliebiger und phrasenhafter ist, als sie sein müsste.

Einer, der viel Lehrgeld für klare Sprache gezahlt hat, ist CDU-Chef Friedrich Merz. Er ist ein gutes, aktuelles Beispiel dafür, wie sich die Akzeptanz von rhetorischer Zuspitzung in der Öffentlichkeit gewandelt hat. Schon als Fraktionsvorsitzender der CDU/CSU in den Jahren 2000 bis 2002 war der Mann aus Brilon im Sauerland ein spitzzüngiger, bei der Opposition gefürchteter Redner. Seine Botschaften waren verständlich oder umstritten, aber nie windelweich. Als Finanzexperte forderte er: „Die Steuererklärung muss auf einen Bierdeckel passen.“ Doch Merz scheiterte an den Bedenken der Steuerrechtler.

Auch in der Ausländerpolitik scheute Merz keinen Konflikt und setzte in der Debatte um Zuwanderung den Ton für die Union: „Zuwanderer, die auf Dauer hier leben wollen, müssten sich einer gewachsenen, freiheitlichen deutschen Leitkultur anpassen“, forderte er im Oktober 2000. Der Begriff wurde nach langer Debatte wieder beerdigt, aber er bleibt mit Merz verbunden.

Höchst Despektierliches gab Merz im kleinen Kreis beim *Spiegel* über Angela Merkel zu Protokoll: „Die Dame hätte nie Kanzlerin werden dürfen." Über den bekennend homosexuellen Regierenden Bürgermeister von Berlin Klaus Wowereit sagte er tatsächlich: „Solange er sich mir nicht nähert, ist mir das egal." Auch zum Reformstau in Deutschland und zur Rolle der Gewerkschaften hatte der CDU-Mann im *Spiegel*-Interview einen Spruch parat, der heute den politischen Blitztod bedeuten würde: „Wenn man einen Sumpf austrocknen will, darf man nicht die Frösche fragen."

Nachdem Angela Merkel die Macht im Kanzleramt anvisierte und Merz den Fraktionsvorsitz entrissen hatte, verließ der Ex-Fraktionschef die Politik und verdiente als Anwalt viel Geld mit verschiedenen Aufsichtsratsmandaten und später als Lobbyist für den weltgrößten Vermögensverwalter Blackrock.

Als Friedrich Merz fast 20 Jahre später, wie aus der Zeitmaschine entstiegen, wieder auf die politische Bühne zurückkehrte, war die Welt der Politikersprache eine andere. Der rhetorisch rauflustige Merz hatte plötzlich ein Problem, das größer war als die Rückeroberung des Kanzleramtes für die Union: Die Merz-Sprüche im Jahr 2023, zum Beispiel von „kleinen arabischen Paschas" an den deutschen Schulen, rissen die Toleranzhürde einer Öffentlichkeit, die nach langen Merkel-Jahren und einer Regierungshalbzeit von Olaf Scholz von polemischer Zuspitzung entwöhnt war. Die schärfste politische Waffe von Friedrich Merz, seine scharfe Zunge, kehrte sich plötzlich gegen ihn und brachte die CDU ausgerechnet im Abwehrkampf mit einer erstarkenden AfD gewaltig unter Druck.

Dass Merz im Sommer 2023 mit einem einzigen Satz über das Verhältnis zur AfD auf kommunaler Ebene die Öffentlichkeit und Teile seiner Partei gegen sich aufbrachte, zeigt, wie sensibel in Zeiten von Social Media jedes einzelne Wort und jeder Halbsatz in einer kritischen Öffentlichkeit aufgenommen werden.

Es war bei Minute 06.10, als der Parteivorsitzende der CDU im Sommerinterview 2023 des ZDF mit Theo Koll erklärte: „Natürlich muss in den Kommunalparlamenten dann auch nach Wegen gesucht werden, wie man gemeinsam die Stadt, das Land, den Landkreis gestaltet." Dass man – theoretisch – mit einem demokratisch gewählten AfD-Bürgermeister Grundschulen sanieren und Radwege bauen kann, ist eigentlich eine politische Binse. Für Merz war die Aussage ein Desaster und die mediale Aufregung hat ihm als Parteivorsitzendem schwer geschadet. Merz musste diesen Satz zurückholen und per Twitter Abgrenzung zur AfD auch auf lokaler Ebene geloben. Der Fall ist eines der besten Beispiele dafür, dass Politiker tatsächlich manchmal besser damit fahren, zu bestimmten Themen öffentlich nichts oder nur das Allernötigste zu sagen.

Die Sprache der Grünen

Oder wie man plötzlich Kriegspartei ist

Seit dem Einzug der Grünen in den Deutschen Bundestag am 29. März 1983 mit Sonnenblumen, Rauschebärten, Jeans und Turnschuhen hat sich die politische Sprache in Deutschland verändert. Sie ist salopper geworden, umgangssprachlicher, einfacher zu verstehen, direkter, in Einzelfällen auch vulgärer. Es war die Grünen-Legende Joschka Fischer, der 1984 Richard Stücklen – als Bundestagspräsident von Verfassungsrang – in der Debatte um die Flick-Affäre zornig zurief: „Herr Präsident, Sie sind ein Arschloch, mit Verlaub!“ Fischer kassierte dafür einen weiteren Ordnungsruf, aber war damit lange nicht der Spitzenreiter im Parlament. Den einsamen Rekord hält bis heute der Sozialdemokrat Herbert Wehner, der CDU-Abgeordneten schon mal zurief: „Sie sind ein Schwein. Wissen Sie das?“

Auch wenn heute solche Töne eher selten sind, pflegen die Grünen ihre eigene Sprache, um sich zu unterscheiden und um ihre außerparlamentarischen Wurzeln nicht zu verleugnen. Mit der Übernahme von Regierungsverantwortung ist der sprachliche Freiraum von grünen Ministern zwar geringer geworden, der Unterschied zu althergebrachten Sprachmustern bleibt aber signifikant. Zurzeit stehen Robert Habeck und Annalena Baerbock im Mittelpunkt des öffentlichen Interesses, weil beide Spitzenämter innehaben und beide als potenzielle Kanzlerkandidaten im Wahlkampf 2024 gelten. Auf den norddeutschen Robert Habeck ist mein Mitautor Lars Haider schon näher eingegangen, also befasse ich mich mit Annalena Baerbock, der Frau, die bereits die erste Kanzlerkandidatin der Grünen war.

Ähnlich wie Habeck hat Baerbock einen neuen Sprachstil in die Politik gebracht. Besonders in ihrem Amt als Außenministerin wird der rhetorische Unterschied zu ihren Vorgängern deutlich. Während frühere Außenminister die sehr formale Sprache der Diplomatie mit ihrer Chiffre, die nur Diplomaten übersetzen können, pflegten, ist Annalena Baerbocks Sprache auch für Nichtdiplomaten verständlich und voller Metaphern. Letztere sollen eine sprachliche Brücke von der bürgerfernen Hochdiplomatie zur Lebens- und Gefühlswelt ganz normaler Menschen schlagen.

In der Rede Baerbocks bei der Sondersitzung der Vereinten Nationen in New York zum Ukrainekrieg klang das Anfang März 2022 gleich am Anfang ihres Beitrages so: „Vor ein paar Tagen kam in einer U-Bahn-Station in Kiew ein kleines Mädchen zur Welt. Ich habe gehört, es heißt Mia. Ihre Familie musste Schutz suchen – wie Millionen anderer Menschen überall in der Ukraine. Schutz vor Bomben und Raketen, vor Panzern und Granaten. Sie leben in Angst, sie leben in Schmerz. Sie sind gezwungen, sich von ihren Liebsten zu trennen. Weil Russland einen Angriffskrieg gegen die Ukraine begonnen hat. Ich glaube, bei der heutigen Abstimmung geht es um Mia. Es geht um die Zukunft unserer Kinder."

Auch bei vielen anderen Gelegenheiten setzt Baerbock auf Emotionen, um ihre Botschaft zu verstärken. Dabei bringt sie subtil ihre eigene Persönlichkeitsbotschaft ein. Und die lautet. Ich bin selbst Mutter. Ich habe Kinder. Ich bin ein ganz normaler Mensch. Baerbock zeigt auch selbst öffentlich Emotionen und spricht darüber. Als in der Gedenkstunde des Deutschen Bundestages für die Opfer des Nationalsozialismus am 31. Januar 2019 Saul Friedländer berichtete, wie er als Siebenjähriger von seinen Eltern getrennt wurde und als Einziger den Holocaust überlebte, rannen bei der damaligen Grünen-Chefin die Tränen.

Während andere diesen persönlichen Moment der Trauer für sich behalten hätten, macht ihn die Grünen-Politikerin zum Thema. In einem Interview mit dem SWR sagte die Mutter von zwei Töchtern dazu: „In diesen Momenten kommt man gar nicht drum rum, an seine eigenen

Kinder zu denken, sich genau das vorzustellen, was natürlich Emotionen auslöst. Wenn einem da die Tränen kommen und (man) weiß genau, da halten jetzt zig Kameras drauf, dann ist das immer so: Soll man sich verstellen oder nicht?“

Dieses Nichtverstellen ist zum Markenzeichen der Außenministerin geworden und die Öffentlichkeit hat sich an ihre emotionalen Auftritte gewöhnt. Das schafft allerdings nicht automatisch höhere Beliebtheitswerte. Nach anfänglichen Spitzenwerten ist Annalena Baerbock im Sommer 2023 auf Normalmaß zurückgefallen und rangiert im Mittelfeld, weit hinter Bundesverteidigungsminister Boris Pistorius und knapp hinter Olaf Scholz. Beiden sind öffentliche Emotionsausbrüche eher fremd.

Kritisch ist Baerbocks Kommunikationsverhalten in der freien Rede. Die Ministerin spricht sehr schnell, beherrscht Englisch nicht perfekt, neigt zu Versprechern und machte am 25. Januar 2023 einen Fehler, der einer Außenministerin nicht unterlaufen darf. Vor der Parlamentarischen Versammlung des Europarates, dem 46 Staaten aus Europa und darunter die Mitgliedstaaten der Europäischen Union angehören, beschreibt Annalena Baerbock den Krieg in der Ukraine mit den Worten: „We are fighting a war against Russia.“ Wir führen einen Krieg gegen Russland. Baerbock setzte damit eine Botschaft aus dem Auswärtigen Amt, die wie eine Kriegserklärung verstanden werden konnte. So wurde es jedenfalls in sozialen Medien interpretiert. In regierungskritischen Blasen fühlte man sich bestätigt, dass die Regierung im Ukrainekonflikt doch eine „geheime Agenda“ verfolge und die Außenministerin sich nur verplappert habe. Dieses Gerücht bekommt zusätzlich Nahrung, weil auch der SPD-Gesundheitsminister den Begriff „Krieg“ zuvor verwendet hatte. Karl Lauterbach hatte getwittert: „Mal ehrlich: Was sollen denn jetzt Kniefälle vor Putin bringen? Wir sind im Krieg mit Putin und nicht seine Psychotherapeuten. Es muss weiter konsequent der Sieg in Form der Befreiung der Ukraine verfolgt werden. Ob das Putins Psyche verkraftet, ist egal.“

Auch Lauterbach, der als erstes Regierungsmitglied von „Krieg“ gesprochen hatte, in dem „wir“ uns befänden, musste zurückrudern. Die Bundesrepublik sei „natürlich keine Kriegspartei“, stehe aber „trotzdem voll an der Seite der Ukrainer“, sagte der SPD-Politiker nach seinem verunglückten Tweet bei RTL. Die Bundesaußenministerin hätte mit Blick auf die Fehlleistung des sozialdemokratischen Kabinettskollegen also gewarnt sein können.

Bundeskanzler Olaf Scholz, im Ukrainekrieg von Anfang an um deeskalierende Sprache bemüht, ließ den fatalen Satz seiner Außenministerin umgehend durch Regierungssprecherin Christiane Hoffmann korrigieren: „Die NATO und Deutschland sind in diesem Angriffskrieg Russlands gegen die Ukraine nicht Kriegspartei. Wir unterstützen die Ukraine, aber wir sind nicht Kriegspartei." Im ZDF legte Scholz persönlich nach: „Das ist für uns ausgeschlossen. Wir werden alles tun, dass es nicht passiert." Daraufhin korrigierte auch das Auswärtige Amt den dahingeplapperten Satz der Chefin.

Dennoch schlug das gefährliche Statement weiter hohe Wellen. CSU-Generalsekretär Martin Huber erklärte: „Annalena Baerbock ist ein massives Sicherheitsrisiko für unser Land." Wer von einer deutschen Kriegsbeteiligung rede, rede Deutschland in einen Krieg hinein. Die AfD forderte die Entlassung Baerbocks. Für die russische Regierung war der Satz feinste Propagandaunterstützung. Die Sprecherin des russischen Außenministeriums Maria Sacharowa forderte eine Erklärung des deutschen Botschafters in Moskau zu den „widersprüchlichen" Aussagen aus Berlin und schrieb auf dem Nachrichtendienst Telegram: „Verstehen Sie selbst, wovon Sie da reden?"

Dass sich Baerbock mit ihrer flotten Zunge und mäßigen Englischkenntnissen gelegentlich missverständlich äußert, ist ihren Kritikern und politischen Gegnern nicht verborgen geblieben. Dabei wird auch bewusst mit Fake News gegen die Grünen-Politikerin gearbeitet. Als immer mehr angebliche Baerbock-Zitate im Netz viral gingen, untersuchte das investigative Journalistenportal *Correctiv* deren Wahrheitsgehalt. So zum Beispiel bei der angeblichen Baerbock-Aussage: „Wir müssen den Glasfaserausbau vorantreiben, damit die E-Autos auch auf dem Land geladen werden können." Oder das angebliche Baerbock-Zitat: „Wir können alleine durch den Wegfall der Hunde in Deutschland ca. 19 Millionen Tonnen Kohlenstoffdioxid einsparen. Die private Tierhaltung muss daher ein Ende haben und wenn es durch eine CO_2-Steuer auf Haustiere erfolgt."

Beide Zitate waren nach Recherchen von *Correctiv* frei erfunden und stammten nachweislich nicht von der Ministerin. Welche Dimension die Verbreitung falscher Zitate annehmen kann, zeigt ein TikTok-Video, in dem behauptet wurde, Annalena Baerbock wolle die Witwenrente abschaffen. Auch dieses Zitat war gefälscht, aber der Beitrag wurde nach Recherchen von *Correctiv* 750.000-mal abgerufen. Über 15.000 Personen gaben dem Beitrag, unter dem es hieß: „Die Alte hat sie doch nicht mehr alle!", sogar ein „like".

Der Vorgang ist deshalb bemerkenswert, weil Baerbocks Kommunikationsstil offenbar zu gefälschten Statements animiert. Das Platzieren von gefälschten Baerbock-Zitaten funktioniert nur, weil viele der Ministerin zutrauen, diese absurden Sätze gesagt zu haben. Wer vernünftig debattieren will, ist also gut beraten, angebliche Baerbock-Äußerungen kritisch zu hinterfragen.

Während das Sprecherumfeld der Ministerin sich bemüht, Äußerungen der Amtsinhaberin möglichst unmissverständlich zu transportieren, kümmern sich andere Sprachspezialisten der Partei darum, den grünen Politikern eine neue, angeblich diskriminierungsfreie Sprache anzutrainieren. „Fair sprechen" heißt doppeldeutig eine „Grüne Fibel für einen diskriminierungssensiblen Sprachgebrauch", die im Jahr 2020 vom Berliner Landesverband der Grünen veröffentlicht wurde.

In dem Dokument heißt es unter anderem: „Sprache ist ein wichtiges Mittel, um gegen Diskriminierung vorzugehen. Gleichzeitig trägt eine angemessene, faire Sprache zu einem respektvollen und wertschätzenden Umgang miteinander bei. Die vorliegende Broschüre ist eine Art Werkzeugkasten, aus dem Ihr schöpfen könnt. Sie soll Euch grundlegende Informationen an die Hand geben und Euch darin unterstützen, sprachliche Diskriminierung zu erkennen und möglichst zu vermeiden."

Blickt man in diesen Werkzeugkasten, wird einem klar, warum sich die politische Sprache so schnell verändert. Auf über 25 Seiten werden Begriffe aussortiert, die in einer bewussten grünen Sprache nicht mehr vorkommen sollten. So zum Beispiel das Wort „Pflegefall", mit dem angeblich „positive Lebensperspektiven pauschal abgesprochen werden". Die Broschüre schlägt vor, den Begriff „benötigt Assistenz, Begleitung oder Unterstützung" zu benutzen, um „den Sachverhalt neutral" darzustellen. Aus „Menschen mit Migrationshintergrund“ sollen „Menschen mit internationaler Geschichte“ werden und das Wort „Einheimische“ soll auch abgeschafft werden, weil es „häufig ein schiefes Bild erzeugt, weil viele Eingewanderte und ihre Kinder hier längst heimisch sind“. Die grüne Sprachfibel schlägt dagegen vor: „Einwohner*innen, Bewohner*innen, (lokale) Bevölkerung bezieht sich auf alle Menschen, die vor Ort leben“.

Eine sprachliche Unterscheidung zwischen denen, die schon lange Zeit vor Ort sind, und denen, die zugewandert sind, wird als diskriminierend empfunden und soll es demnach nicht mehr geben. Auch wenn es noch ein weiter Weg ist, bis solche Formulierungen in der Sprache ankommen, ist erkennbar, dass bei den Grünen durch sprachliche Umerziehung Unterscheidungsmerkmale geschliffen und besonders der Unterschied zwischen in Deutschland geborenen Menschen und Menschen aus dem Ausland getilgt werden soll. Als ob man automatisch ein Rassist ist, wenn man dabei sprachlich korrekt unterscheidet.

„Sie kennen mich“ und „Wir schaffen das“

Emotionen als Politikersatz

16 Jahre regierte Angela Merkel Deutschland und von ihr bleiben Sätze und Worte, die jeder kennt und als „typisch Merkel“ in Erinnerung behalten werden. „Alternativlos“ war nur ein Begriff von vielen. Auch „Wir schaffen das“ im Zusammenhang mit der Flüchtlingskrise ist ein Merkel-Satz, der das Wie ignoriert und ohne jeden Inhalt oder logische Begründung auf die Kraft der Autosuggestion setzt.

Wer will schon das Bekenntnis „Wir schaffen das“ in Zweifel ziehen? War Merkels Kalkül, dass kein selbstbewusster Politiker ein solches Bekenntnis infrage stellen würde? Wenn ja, hatte sich die Kanzlerin getäuscht. Es gibt wenige Sätze, die ihr so oft vorgehalten wurden und die ihre Kritiker derart beflügelten wie diese drei Worte. Diese Botschaft, die Angela Merkel am 31. August 2015 in der Bundespressekonferenz das erste Mal in Verbindung mit den Flüchtlingen verwendete, sollte untrennbar mit ihrem Kommunikationsstil und ihrer Regierungszeit verbunden bleiben.

Die Kanzlerin sprach über das damals drängendste Problem: die sich aufbauende Welle von Flüchtlingen, die Richtung Deutschland drängten. Das Bundesinnenministerium hatte kurz zuvor mit einer Prognose Schlagzeilen produziert. Mit 800.000 Menschen rechnete Thomas de Maizière und die Kanzlerin wusste, dass sie Ängste nehmen und ihre Motivation, die Grenzen für die Flüchtlinge offenzuhalten, öffentlich erklären musste.

Angel Merkel erläuterte an diesem heißen Sommertag vor der versammelten Hauptstadtpresse, wo sie die größten Herausforderungen sah: in der Betreuung der Kinder, dem Bereitstellen von Wohnraum und beim Vermitteln von Arbeitsplätzen für die vielen Menschen im arbeitsfähigen Alter. Nachdem die Kanzlerin in guter Stimmung in ihrem ziegelroten Sakko die Agenda skizzierte hatte, wurde sie etwa eine Viertelstunde nach Beginn der Pressekonferenz sehr grundsätzlich und sprach in die Kameras: „Und ich sage ganz einfach, Deutschland ist ein starkes Land und das Motiv, in dem wir an diese Dinge herangehen, muss sein: Wir haben so vieles geschafft – wir schaffen das. Wir schaffen das und wo etwas im Wege steht, muss es überwunden werden."

Ich bezweifle, dass die Kanzlerin damals ahnte, dass dieser Satz in den Geschichtsbüchern landen würde. Zumal selbst SPD-Chef Sigmar Gabriel wenige Tage vor dem Auftritt der Kanzlerin es in einem offiziellen SPD-Podcast, platziert auf seiner Homepage, ähnlich formuliert hatte: „Wenn Deutschland es nicht schafft, diesen Flüchtlingen zu helfen, wer soll es dann schaffen?", lautete seine rhetorische Frage, auf die er wenig später selbst die Antwort gab: „Frieden, Menschlichkeit, Solidarität, Gerechtigkeit, das zählt zu den europäischen Werten, jetzt müssen wir sie unter Beweis stellen. Ich bin sicher: Wir schaffen das." Gabriel war also der Erfinder dieses Satzes, aber es ist Angela Merkel, die man mit ihm bis heute verbindet.

In den darauffolgenden Monaten fokussierte sich die politische Debatte um die Flüchtlinge auf diesen Merkel-Satz, für den sie innerhalb ihrer Partei, aber auch aus der Opposition heftig kritisiert wurde. Einen Sommer später wollte Sigmar Gabriel nichts mehr von seinem eigenen Zitat wissen und ging im Interview mit der *Funke Zentralredaktion* frontal auf die Kanzlerin los. Gabriel damals im August 2016 zu meinen Kollegen Jochen Gaugele und Christian Kerl: „Der Satz klingt schön, aber er reicht nicht aus. Eigentlich muss der Satz lauten: Wir machen das! Und genau da liegt der Fehler von Angela Merkel und ihrer CDU/CSU: Man kann nicht eine Million Flüchtlinge nach Deutschland lassen und sich dann weigern, die Voraussetzungen für Bildung, Ausbildung, Arbeit und auch für die innere Sicherheit zu schaffen."

Als die Bundeskanzlerin im September 2015 entschied, die in Ungarn festsitzenden Flüchtlinge nach Deutschland einreisen zu lassen, kam es zum Bruch mit der Schwesterpartei. Und wieder spielte der Merkel-Satz eine Rolle. Bayerns Ministerpräsident Horst Seehofer, an dessen Grenzen die meisten Flüchtlinge ankamen, sagte, er könne sich den Satz „bei bestem Willen nicht zu eigen machen". Das persönliche Verhältnis Merkels zu Seehofer hat sich nach dem Streit in der Flüchtlingskrise übrigens nie wieder richtig erholt.

Neben „Wir schaffen das" hat ein weiterer Satz der Kanzlerin Geschichte geschrieben. Auch er setzte nicht auf eine inhaltliche Botschaft, sondern beschwor Gefühle, die alle Menschen angenehm finden: nämlich Vertrautheit und Nähe. Der Satz lautet: „Sie kennen mich."

Wie plant man einen Bundestagswahlkampf, wenn die Spitzenkandidatin das dritte Mal antritt und alle inhaltlichen Botschaften schon gesetzt sind? Mit dem Selbstbewusstsein, dass ihre Kanzlerin unschlagbar ist, entwickelte das Konrad-Adenauer-Haus die Kampagne 2013 und setzte auf eine Angela Merkel ohne Botschaft. Das meistgeklebte Plakat zeigt die Kanzlerin, milde lächelnd von ihrem Lieblingsfotografen Dominik Butzmann in Szene gesetzt, mit der einzigen Botschaft: „Kanzlerin für Deutschland". Deutschland kennt Angela Merkel, vertraut ihr und wird sie wiederwählen. Davon waren der Generalsekretär Hermann Gröhe und die Kampagnenmanager der CDU überzeugt. Auch die Kanzlerin selbst beteiligte sich kurz vor der entscheidenden Stimmabgabe an dieser Kampagne der Gefühle, in der Inhalte kaum eine Rolle spielten. Am 1. September trat sie im Fernsehduell gegen ihren Herausforderer Peer Steinbrück von der SPD an. Moderiert wurde der TV-Zweikampf aus einem Mixteam von öffentlich-rechtlichen und privaten Sendern, bestehend aus Stefan Raab (Pro Sieben), Anne Will (ARD), Maybrit Illner (ZDF) und Peter Kloeppel (RTL).

Das „Duell" im TV-Studio von Berlin-Adlershof wurde seinem Namen nicht gerecht. Die Kanzlerin wirkte konzentriert, aber wenig kampfeslustig, und Peer Steinbrück gelang kein einziger Wirkungstreffer. Entscheidend war nach dem 90-minütigen Schlagabtausch das Schlusswort der Kanzlerin. Angela Merkel, im dunkelblauen Blazer, blickte freundlich in die Kamera und konnte gar nicht abwarten, bis ihr Peter Kloeppel das Wort für die letzte Runde erteilte: „Liebe Mitbürgerinnen und Mitbürger, wir haben die Argumente heute Abend ausgetauscht und jetzt sind Sie dran und können wählen." Dann formuliert die Kanzlerin den Satz, der sie erneut ins Amt bringen sollte: „Sie kennen mich. Und wissen, was ich anpacken möchte und wie ich das mache. Wir hatten vier gute Jahre für Deutschland und ich möchte, dass auch die nächsten vier Jahre gute Jahre werden."

Die Fokussierung der CDU auf die Person der Kanzlerin war am Ende erfolgreich. Angela Merkel fuhr am 22. September 2013 einen klaren Wahlsieg ein, holte mit der Union 41,5 Prozent der Stimmen und bildete mit der SPD eine Große Koalition. Aber dennoch war der Satz „Sie kennen mich" eine Botschaft, die eine Nähe suggerierte, die es in Wahrheit zwischen Angela Merkel und ihren Wählern nie gab. Angela Merkel war im höchsten Maße respektiert. Aber sie ließ nie zu, dass man sie gut kennenlernen konnte. Ich habe sie viele Male getroffen, zu Hintergrundgesprächen, bei Empfängen oder zu Interviews mit der Generalsekretärin, der CDU-Chefin, der Ministerin, später der Kanzlerin. Es waren intensive Gespräche, in denen Merkel auch als Kanzlerin – anders als manch unwichtigerer Politiker – keine Themenbereiche für tabu erklärte. Nur Fragen nach ihrem Privatleben oder nach eher persönlichen Gedanken würgte Angela Merkel schmallippig und mit strengem Blick ab. Ihre Gefühlswelt und alles Private blieb 16 Jahre hinter einem blickdichten Vorhang, anders war für sie dieses Amt wohl nicht zu schaffen. Die Deutschen schätzten Angela Merkel und ihre selbstlose, akribische Art zu regieren sehr. Aber sie kannten den Menschen Angela Merkel nicht. Insofern war dieser Satz „Sie kennen mich" nicht korrekt.

Dass die SPD am Ende gegen Angela Merkel chancenlos war, lag nicht nur an der überstarken Kanzlerin, sondern auch an Fehlern im Wahlkampf der Sozialdemokraten. Einer bleibt besonders in Erinnerung und verdient besondere Erwähnung, weil es eine fatale Kommunikation zwischen dem Kanzlerkandidaten Peer Steinbrück und der Öffentlichkeit gab, die nonverbal war.

Das Magazin der *Süddeutschen Zeitung* hat ein Format, das „Sagen Sie jetzt nichts ..." heißt und in dem Prominente in ausdrucksstarken Schwarz-Weiß-Fotografien ihre Antworten zu sehr persönlichen Fragen in Gesten ausdrücken sollen. Im September 2013, wenige Tage vor der

Bundestagswahl, kam Peer Steinbrück gut gelaunt und ohne Krawatte in das Berliner Studio von Fotograf Alfred Steffen. Der Kandidat war begleitet von seinem Sprecher Rolf Kleine, einem sehr erfahrenen Journalisten, mit dem ich lange und gern bei Axel Springer zusammenarbeitete. Steinbrück wusste, dass er die Wende im Wahlkampf schaffen musste. Die Umfragewerte waren schlecht, das Verhältnis zu SPD-Chef Sigmar Gabriel nicht viel besser und nur wenige Deutsche glaubten ernsthaft an einen Sieg des Bundesfinanzministers. Eine der Fragen für das Foto-Interview lautete: „Was ist Ihr Tipp für eine lange, glückliche Ehe?", und Steinbrück schnappt sich als Requisite für das Foto einen Herzballon, einen Bowler und warf dem Fotografen einen Kussmund zu.

Bei der Frage: „Nur 28 Prozent würden derzeit die SPD wählen. Liegt das an Ihnen?", zeigte Steinbrück mit zwei Fingern auf sich und schnitt eine ungläubige Grimasse. Bei der Frage: „Pannen-Peer, Problem-Peer, Peerlusconi – um nette Spitznamen müssen Sie sich keine Gedanken machen, oder?", ging es mit Steinbrück durch. Der Kanzlerkandidat hob die linke Hand und zeigte den „Stinkefinger". Sprecher und Berater Rolf Kleine erkannte sofort die Wirkung der Aufnahme. Er bat darum, dieses Foto nicht zu verwenden und ein neues zu schießen. Aber Steinbrück will die gute Stimmung nicht verderben und entscheidet: „Nein, das ist okay so", wie die Redaktion später über die Szene schreibt.

Das ganze Interview dauerte nur 25 Minuten, aber seine Wirkung sollte lange anhalten. Am 13. September 2013 erschien das *SZ*-Magazin und auf der Titelseite prangte der Kanzlerkandidat, der dem Betrachter den Mittelfinger zeigt. Steinbrücks Sprecher hatte die richtige Nase und geahnt, dass dieses Foto für die *Süddeutsche Zeitung* ein „Scoop" war – aber dem Kandidaten massiv schaden würde.

Union und FDP nutzten den unglücklichen Auftritt für massive Kritik. Der damalige Parlamentarische Geschäftsführer der Bundestagsfraktion Michael Grosse-Brömer erklärte: „Bei diesem Kanzlerkandidaten der SPD ist man zwischenzeitlich immer wieder sprachlos. Dieser Auftritt ist ein weiterer Mosaikstein mehr im Gesamtbild von Peer Steinbrück. Die Bürgerinnen und Bürger werden sich ihr eigenes Bild von ihm machen." FDP-Gesundheitsminister Daniel Bahr erklärte: „Das kann doch wohl nicht der Stil des Bundeskanzlers sein."

Das Foto ging auf Social-Media-Kanälen viral und wurde tausendfach weiterverarbeitet und ironisch montiert. Steinbrück zeigt Obama den Stinkefinger, Steinbrück zeigt dem Bundestagspräsidenten bei seiner Vereidigung den Finger, Steinbrück zeigt den Finger aus dem Wahlplakat und so weiter und so fort. Die Fantasie des Internets kannte dank des ungewöhnlichen Fotos keine Grenzen.

Der Finger selbst hatte unter #peersfinger sogar einen eigenen Account und alle Medien berichteten ausführlich, manchmal verständnisvoll, aber überwiegend kritisch. Sogar der australische *Sydney Morning Herald* nahm die deutsche Debatte auf: „The stink over the stinkefinger". Steinbrück versuchte verzweifelt, den Eindruck der Respektlosigkeit einzusammeln und sagte auf einer der letzten Wahlkundgebungen in München: „Ich hoffe, dass die Republik auch den Humor hat, dann diese Grimassen und diese Gebärdensprache bezogen auf die Fragen richtig zu verstehen."

Mit dem Stinkefinger Steinbrücks war erstmals in der deutschen Wahlkampfgeschichte eine Kommunikation völlig ohne Worte verunglückt. Medienberater, Pressesprecher und andere PR-Profis konnten einmal mehr erleben, dass die Macht der Bilder sogar stärker als ein gesprochenes Wort sein konnte. Jahre später sprach Steinbrück sehr offen über den verhängnisvollen Termin mit der *Süddeutschen Zeitung*. In der Talkshow *Drei nach Neun* bekannte er reumütig: „Das war ein Fehler, weil ich eine Emotion ausdrückte. Gelegentlich habe ich an solchen Sachen Spaß und Freude und ich ließ mich darauf ein – und es hätte nicht passieren dürfen."

Es zählt sicher auch zu den Erfolgsgeheimnissen von Angela Merkel, dass sie immer darauf achtete, keine falschen Bilder zu liefern. Ihre Körperkontrolle ging so weit, dass sie sogar die Hände zur „Merkelraute" zusammenführte. Nur bei den rätselhaften Zitteranfällen zum Ende ihrer Amtszeit war sie machtlos.

Die Kunst der guten Rede

Fragen an Wolfgang Schäuble

Einer der wortmächtigsten Politiker, die ich in Jahrzehnten im politischen Journalismus häufig interviewte oder bei Reden oder in Talkshows verfolgte, ist Wolfgang Schäuble. Vielleicht sind es diese einzigartige Erfahrung aus über 50 Jahren im Bundestag, die vielen verantwortlichen Positionen in der Regierung und in der Partei und auch das persönliche Schicksal nach dem feigen Attentat, das einen bewegungsfreudigen, sportlichen Menschen für den Rest des Lebens an den Rollstuhl fesselte, aus denen Schäuble die Kraft der besonderen Überzeugung zieht.

Wenn Schäuble spricht, hören alle zu. Egal aus welcher Partei sie stammen. Dabei hat der Badener nicht immer recht behalten und lag in seiner Einschätzung gelegentlich auch gewaltig daneben, wie bei seiner Parteinahme für Armin Laschet als Kanzlerkandidat der Union, der mit der CDU die Wahl verlor. Aber Schäuble, der Zeit seines Lebens für alle hohen Ämter gehandelt wurde, hat durchweg Maßstäbe gesetzt für eine kraftvolle politische Rhetorik. Schäuble machte sich immer Gedanken über eine angemessene politische Kommunikation und stellte sich für dieses Buch meinen Fragen.

Wie zufrieden sind Sie mit der heutigen politischen Rhetorik, die mit Begriffen wie „Wumms" arbeiten muss, um Inhalte zu transportieren?
Wolfgang Schäuble: Die Bedingungen für die öffentliche Debatte haben sich durch die moderne Kommunikation stark verändert. Wir kommu-

nizieren im Wesentlichen über die sozialen Netzwerke mit kurzen Botschaften. Zudem besteht auch ein Großteil der Beiträge in den Bundestagsdebatten nur noch aus kurzen Reden – die dann auch noch auf ihre Wirksamkeit in den sozialen Medien hin konzipiert werden. Für manche Reden braucht man aber mehr Zeit, um komplexe Zusammenhänge so zu erläutern, dass sie auch stimmig und nachvollziehbar sind.

Die Kommunikation reduziert sich aber immer stärker auf schnelle Reaktion. Politiker müssen im Zweifel eine Nachricht kommentieren, bevor das Ereignis überhaupt stattgefunden hat. Genau deshalb bin ich nicht auf Twitter. Aber natürlich muss man als Mitglied der Regierung oder in führender Rolle der Opposition auch in diesen Medien präsent sein, das ist für einen politischen Anspruch, mithin für politische Kommunikation, unverzichtbar. Aber es zerstört natürlich das, was seriöse Kommunikation ausmacht. Es geht in diesen Netzwerken nicht mehr darum, ob etwas richtig ist oder nicht. Sondern es geht darum, wie viel Aufmerksamkeit man erzielt. Nur das Außergewöhnliche schafft Aufmerksamkeit. Das ist mittlerweile derart pervertiert, dass es gar nicht mehr um die Seriosität oder um die Richtigkeit geht, sondern nur noch um die Zahl der Follower.

Das hat aber auch zur Folge, dass man nur noch mit denen kommuniziert, die der gleichen Meinung sind. Es gibt also die Meinungsblase auf der einen und den Shitstorm auf der anderen Seite. Und das, was eine Kommunikation eigentlich leisten muss, nämlich den Austausch von Argumenten zwischen denen, die unterschiedliche Meinungen und Interessen haben, der findet nicht mehr statt. Dieses Prinzip hat der frühere amerikanische Präsident Donald Trump am besten verstanden. Ich werde nie vergessen, wie mir der damalige Google-Chef Eric Schmidt beim Weltwirtschaftsforum in Davos vorausgesagt hat, dass Trump Präsident werden kann. Warum? Weil er es viel besser als andere beherrscht, die Aufmerksamkeit auf sich zu ziehen. Ich habe mir das TV-Duell zwischen Donald Trump und Hillary Clinton sehr genau angesehen und Clinton war in dieser Hinsicht ohne jede Chance. Trump hat einfach alle Aufmerksamkeit auf sich gezogen. So wird das auch bei diesen vielen Anklagen gegen ihn sein. Man nimmt ihn noch mehr wahr, sodass es fast entschieden scheint, dass er der republikanische Kandidat wird.

Diese reine Aufmerksamkeitsökonomie macht das politische Geschäft so schwierig.

Wenn Sie nach Deutschland blicken, lässt sich auch an den Kommunikationsstilen des Bundeskanzlers und des Oppositionsführers anschaulich beobachten, wie stark es mittlerweile auf jedes Wort zu viel oder zu wenig ankommt. Aber in einer Zeit, in der die Bevölkerung so verunsichert ist – ob durch die Klimakatastrophe, die Pandemie oder durch Putins Krieg – braucht man natürlich zuvorderst den Bundeskanzler zur Kommunikation. Ich finde grundsätzlich: Die Demokratie und das Parlament brauchen die große, leidenschaftliche, aber auch streitige Debatte.

Was zeichnet einen guten politischen Redner Ihrer Meinung nach aus?
Schäuble: Das hängt immer von der Situation ab. Man muss wissen, was man sagen will und sich gut vorbereiten. Und wenn man ein Manuskript benutzt, muss man den Eindruck erwecken, man würde frei reden. Das ist eine hohe Kunst, die Willy Brandt und auch Helmut Schmidt sehr gut beherrscht haben. Die Amerikaner haben dazu Teleprompter, auf denen sie den Text ablesen. Es hilft auch, wenn man gute darstellerische Fähigkeiten hat. Eine politische Rede ist kein akademischer Vortrag, sie muss Faszination auslösen.

Als Bundestagspräsident mussten Sie hoch konzentriert zuhören, wenn gesprochen wurde. Bei wem haben Sie besonders gerne – unabhängig von der Parteizugehörigkeit – hingehört?
Schäuble: Es ist unbestritten, dass zu den eindrucksvollsten Rednern im Bundestag Friedrich Merz zählt. Gerade weil er die Gratwanderung zwischen Opposition und staatspolitischer Verantwortung beherrscht. Olaf Scholz hat seinen eigenen Stil und Christian Lindner war als Oppositionsführer auch ein beeindruckender Redner.

Wären Sie als Minister auf die Idee gekommen, einen „Gute-Einheits-Vertrag" vorzulegen oder ein „Mehr-Chancen-für-den-Osten-Gesetz"?
Schäuble: Ich weiß, dass einem Kommunikationsberater so etwas immer nahelegen. Aber das nützt nichts. Ich denke, das bewirkt eher das Gegen-

teil, weil die Menschen der Politik dann nichts mehr glauben. Sie denken, wir versprechen dauernd Dinge und halten diese am Ende nicht ein. Besonders auf dem Feld der Klimaneutralität habe ich den Eindruck. Viele Menschen interessieren sich gar nicht mehr richtig dafür, weil sie denken: Das kommt ja sowieso nicht. Daher wäre ich mit solchen Ankündigungen viel zurückhaltender. Wir sehen ja in den Umfragen, inwieweit die Bürger uns noch glauben. Daher wäre mein Rat: Macht nicht so große Versprechungen, sondern erklärt, warum die Dinge so kompliziert sind, und sagt, was ihr tun könnt – und tut es aber auch wirklich. Denn ständige Enttäuschung trägt massiv dazu bei, dass das Vertrauen in die Politik, in die Institutionen und die Parteien immer mehr zurückgeht. Und davon profitieren natürlich diejenigen, die der Ansicht sind, diese ganze Ordnung taugt nichts. Über die sollten wir übrigens gar nicht so viel reden, sondern einfach gute Politik machen und besser erklären.

Gibt es für Sie ein Unwort, das sich in die politische Sprache eingeschliffen hat?
Schäuble: In der Endphase der Regierung Merkel haben wir ja gemerkt, dass eine ganz bestimmte politische Gruppe den Begriff „alternativlos" öffentlichkeitswirksam für sich nutzen konnte. „Alternativlos" ist ein gefährliches Wort. Es ist in der Politik, aber auch im wahren Leben selten etwas alternativlos.

Gibt es Wahrheiten, die man in der Politik nicht aussprechen will?
Schäuble: In der Pandemiedebatte hieß es ja immer, „der Schutz jeden Lebens ist das Allerwichtigste". Und da habe ich in einem Interview geantwortet: Das stimmt nicht, denn wir erwecken damit den Eindruck, dass die Menschen nicht sterben müssten. Aber wenn eines sicher ist, dann das, dass wir auch sterben müssen. Grundrechte beschränken sich gegenseitig, aber wenn es einen absoluten Wert in unserer Verfassung gibt, ist das die Menschenwürde, Artikel 1. In der Debatte um die Suizidbeihilfe hieß es, das Grundgesetz sei eine Verfassung des Lebens und nicht des Sterbens – was für ein Blödsinn! Zum menschlichen Leben gehört notwendigerweise das Sterben. Das muss man auch aussprechen können.

Die Sprache des Krieges

Warum wir ihr uns verweigern müssen

Der 21. Februar 2022 war für die europäische Friedensordnung ein verhängnisvoller Tag. Mit dem Einmarsch russischer Soldaten, die mit Hunderten gepanzerten Fahrzeugen ohne offizielle Hoheitszeichen auf ukrainischen Boden vordrangen, war wieder Krieg in Europa. Zwar kein erklärter, aber ein faktischer. Präsident Wladimir Putin wollte das ukrainische Staatsgebiet, nachdem er bereits 2014 erfolgreich nach der ukrainischen Krim gegriffen hatte, Russland komplett einverleiben. Seine schnellsten Einheiten kamen sogar bis in die Hauptstadt Kiew, wo sie aber mangels Masse und Unterstützung schnell den Rückzug antreten mussten. Auf den Panzern und den Uniformen der russischen Soldaten fehlten nicht nur die Hoheitszeichen, wie sie die Genfer Konventionen für reguläre Kombattanten zwingend vorsehen. Der brutale Krieg, den Putin entfesselt hatte, fand in der Sprache des Präsidenten nicht statt.

Wladimir Putin gilt als Mann mit wenig Skrupeln. Aber den Überfall auf den Nachbarn als „Krieg“ zu bezeichnen, davor schreckte selbst der russische Präsident in den ersten Kriegsmonaten zurück. In seiner Rede am 24. Februar 2022 sprach er erstmals von einer „militärischen Spezialoperation“, mit der man die Bevölkerung der Ukraine zu entnazifizieren und unter die Hoheit Russlands zu holen gedenke. Nach umstrittenen Plebisziten hatte Russland die angebliche Unabhängigkeit der „Volksrepubliken“ Donezk und Lugansk anerkannt, um sofort wegen deren angeblicher Bedrohung einzumarschieren.

Putins „Operation“ hatte aber nicht die Rettung von Ukrainern, sondern deren Tötung im Sinn. Schon in den ersten Kriegstagen starben überwiegend Zivilisten, die sich einer willkürlichen Gewalt durch die Invasoren ausgesetzt sahen. Von Woche zu Woche wurde die „Spezialoperation“, die nach dem Einsatz chirurgischer Präzision klingt, zu einem flächendeckenden Terror gegen die ukrainische Bevölkerung.

Damit Putins wohlüberlegter Euphemismus nicht ignoriert werden konnte, stellte Russlands Regierung die Verwendung des Wortes „Krieg“ offiziell unter Strafe. Zunächst teilte die Medienaufsichtsbehörde Roskomnadsor mit, dass Begriffe wie „Krieg“, „Invasion“ und „Angriff“ nicht mehr verwendet werden dürfen, anschließend verkündete Russlands Justiz, was bei Zuwiderhandlungen folgen sollte. Bis zu drei Jahren Haft drohten selbst ausländischen Korrespondenten in Russland, wenn sie aus Sicht des Kreml „falsche“ Nachrichten über die russische Armee verbreiteten. Bei „schwerwiegenden Folgen“ für Russland waren als Höchststrafe 15 Jahre vorgesehen. Die Strafandrohung gilt bis heute und schränkt die Berichterstattungsmöglichkeiten für Korrespondenten in Russland dramatisch ein. Wie soll auch über einen Krieg wahrheitsgemäß berichtet werden, wenn er nicht so heißen darf? Die alte Weisheit des amerikanischen Senators Hiram Warren Johnson, dass im Krieg zuerst die Wahrheit stirbt, kann also auch auf Russlands Überfall auf die Ukraine bezogen werden.

Wer den Kriegsverlauf verfolgen oder gar beurteilen will, muss sich erst durch einen Dschungel militärischer Euphemismen kämpfen, mit denen die russische Führung – teilweise auch die ukrainische Seite – die wahre Lage verschleiern will. Als Russlands Einheiten unter massivem Beschuss und wegen schwerer Nachschubprobleme die Region um die Großstadt Charkiw räumen mussten, erfand Ministeriumssprecher Igor Konaschenkow die „Operation zur Verringerung und organisierten Verlegung der Truppen“. Der gescheiterte Blitzkrieg gegen Kiew? Ein „planmäßiger“ Operationsverlauf. Fluchtrouten, auf denen auf fliehende Menschen geschossen wird wie auf Hasen? Heißen „humanitäre Korridore“. Der Fantasie der Militärs ist im Ukrainekrieg keine Grenze gesetzt.

Auch auf ukrainischer Seite wird Sprache zur Waffe in einem Konflikt, der nicht nur Tote fordert, sondern auch Kultur auslöscht. Obwohl ein

Drittel aller Ukrainer Russisch als Muttersprache hat, hat das ukrainische Parlament Gesetze erlassen, die russische Ortsnamen verbieten und Kenntnis der ukrainischen Sprache und Geschichte zur Voraussetzung für die Erlangung der ukrainischen Staatsbürgerschaft machen. Aus dem Ukrainischen soll das Russische verdrängt werden. Das ist angesichts des Leids, das der Überfall über die Ukrainer gebracht hat, verständlich, kulturhistorisch ist es jedoch ein Drama.

Propaganda und Lügen, wie wir sie im Krieg gegen die Ukraine erleben, sind leider nichts Neues. Sie sind seit Jahrhunderten Bestandteil der Militärstrategie, die diese Mischung aus Zensur, Angsterzeugung, Sprachklitterung und Ästhetisierung des Kampfes seit den ersten Kriegstagen zur Erreichung ihrer Ziele einsetzt. Die Militärs haben ihr eigenes Vokabular geschaffen, in dem sprachlich das Sterben und das Leiden nicht vorgesehen sind.

In der Sprache der Generäle werden Gegner „neutralisiert", „kampfunfähig gemacht" oder „ausgeschaltet". Regionen werden „befreit", „Operationen durchgeführt", „humanitäre Korridore geschlossen". Es werden „chirurgische Präzisionsschläge" angeordnet oder Regionen „ethnisch gesäubert". „Friendly fire" zerfetzt die eigenen Soldaten oder sie „fallen" im „Gefecht". Die meisten Armeen der Welt sind in „Friedensmissionen" oder „im Kampf gegen den Terror" unterwegs oder im „Unterstützungseinsatz", „sichern Grenzen" oder „politische Einflusszonen" mit „robustem Mandat" – sprich: mit der Lizenz zum Töten. Wirklich nie ist Sprache der Militärs und der Verteidigungspolitiker gleichzeitig so unpräzise, distanziert und verharmlosend wie in Zeiten des Krieges. Es liegt auch an uns Journalisten, sich diesem Zerrbild zu widersetzen und die Dinge – mit ihrer ganzen Brutalität – beim Namen zu nennen. Das ist weder antimilitaristisch, pazifistisch oder gar „wehrkraftzersetzend", sondern dient allein der Wahrheit, bei der es im Falle eines Krieges schlicht um Siegen und Sterben geht.

Noch Fragen?

Dieses Buch endet mit zwei Worten, die oft auch am Schluss einer Pressekonferenz stehen: Noch Fragen? Eine zentrale können wir als Autoren eindeutig beantworten, nämlich die, ob wir mit den Politikern, über die wir auf den zurückliegenden knapp 200 Seiten geschrieben haben, tauschen wollten. Nein, das wollen wir nicht, auch wenn es wie gesagt oft anstrengend sein kann, Fragen zu stellen – Antworten zu geben ist aus vielen Gründen noch viel anstrengender, vor allem, wenn man qua Amt wirklich etwas zu sagen hat.

Wir haben versucht, Ihnen, liebe Leserinnen und Leser, Antworten auf die wichtigsten Fragen zur Sprache des politischen Betriebs – auch so eine fürchterliche Wortschöpfung – zu geben, und hoffen, dass Sie jetzt besser verstehen, warum Menschen wie ein Bundeskanzler oder eine Ministerpräsidentin so reden, wie sie reden. Sollten noch Fragen offen geblieben sein, sind wir selbstverständlich bereit, sie Ihnen so gut wir können zu beantworten. Eine E-Mail reicht, entweder an Lars.Haider@funkemedien.de oder an Joerg.Quoos@funkemedien.de.

Wir möchten uns bei allen Leserinnen und Lesern des Buches für ihr Interesse bedanken, auch wenn das fast so klingt wie ein Statement nach einer Wahl. Ein großer Dank geht an den Klartext Verlag, der von dem „Blabla-Wumms" von Anfang an begeistert war, allen voran Kathrin Butt und Achim Nöllenheidt, und nicht zu vergessen Claus-Dieter Grabner, der uns bei einem Gespräch mit Altkanzler Gerhard Schröder erstmals für den Verlag zusammengebracht hat. Eine Lektorin, die sich um zwei Autoren kümmern muss, hat es nicht immer leicht und deshalb gilt unser doppelter Dank Sibylle Brakelmann, die Zusammenarbeit war wunderbar. Und natürlich danken wir unseren Redaktionen und unseren Familien für gute Ratschläge und viel Verständnis.

Haben wir noch jemanden vergessen? Ach ja: Ohne die Politikerinnen und Politiker, mit denen wir in den vergangenen Jahrzehnten sprechen konnten/durften/sollten/mussten, hätte es dieses Buch natürlich nicht gegeben. Am Ende ist der „Blabla-Wumms" das Fazit von weit mehr als tausend Interviews, die wir geführt haben.

Wir geben die Hoffnung nicht auf, dass wir uns ab jetzt im wahrsten Sinne des Wortes besser verstehen.

Lars Haider und Jörg Quoos, Spätsommer 2023